AF247360

NOUVELLE DESCRIPTION DE LA VILLE DE CONSTANTINOPLE,

AVEC

LA RELATION DU VOYAGE

de l'Ambassadeur de la Porte
Ottomane, & de son séjour à la
Cour de France.

A PARIS, RUE S. JACQUES.

Chez
{ NICOLAS SIMART, au Dauphin.
ET
CHARLES OSMONT, fils, à l'Olivier.

M. DCCXXI.

Avec Approbation, & Permission.

DESCRIPTION

DE

CONSTANTINOPLE

AVEC

LA RELATION DU VOYAGE

... Ottoman, & de ... la
Cour de France.

A PARIS, RUE S. JACQUES

ET

CHARLES OSMONT
Libraire

TABLE
DES CHAPITRES
contenus dans ce Livre.

LIVRE PREMIER.

LIVRE TROISIEME.

APPROBATION.

J'Ai lû par l'ordre de Monseigneur le Chancelier, un Manuscrit in octavo de cent feüilles, qui a pour Titre; *Description de la Ville de Constantinople, avec la Relation du Voyage de l'Ambassadeur de la Porte Ottomane, & du séjour qu'il a fait à la Cour de France.* A Paris ce dixneuviéme Juillet 1721.

BLANCHARD.

VEUE DE LA VILLE ET DU PORT DE CONSTANTINOPLE
La Solimanie
Palais de Constantin
S.t Dimitre
Le 7 Tours
Tour de Bellbras
Louis du Grand Jardinier
Pointe du Serail
Le Magasin de PERA
Le Serail
Fanal
Tour de Leandre
Tophana
LE BOSPHORE DE THRACE
CANAL DE LA MER NOIRE
Le Serail de Scudari
CALCEDOINE
Scutari

NOUVELLE
DESCRIPTION
DE LA VILLE
DE
CONSTANTINOPLE.

LIVRE PREMIER.

CHAPITRE PREMIER.

De la Fondation de Constantinople,
de sa situation, & de celle
du Serail.

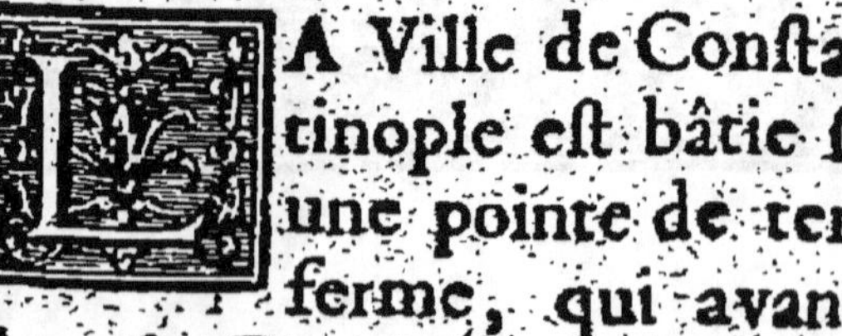

A Ville de Constan-
tinople est bâtie sur
une pointe de terre
ferme, qui avance
dans le Canal qui vient de la

A

mer Majeure, appellée com-
munément mer Noire, & def-
cend dans la mer de Marmara,
anciennement nommée Pro-
pontide.

Cette Ville fut bâtie par Pau-
fanias Roy de Sparte, dans le
voifinage de celle de Calcedoine, l'an 663, avant la Naif-
fance de Notre-Seigneur; elle
fut d'abord appellée Byzan-
ce. L'Empereur Conftantin y
transfera le Siege de l'Empire
Romain, & fes fucceffeurs l'y
maintinrent ; cet Empereur
l'orna des dépouilles de Rome.
Depuis elle fut prife par les
Turcs, & depuis par les Venitiens & les François, qui l'ont
poffedée cinquante-cinq ans.
Elle vint enfuite fous la domination des Empereurs Paleolo-
gues. Les Venitiens en enleve-

rent quantité de raretés & de curiosités de grande valeur, qu'ils porterent à Venise, entre autres les quatre Chevaux qui sont à present sur la porte de l'Eglise de Saint Marc, qui étoient autrefois à Rome, sur l'Arc de Tite Vespasien, d'où on les ôta, pour les porter à Constantinople.

D'un côté est le canal qui coule le long du rivage de la Natolie, & de l'autre, un bras de mer qui passe entre Constantinople, & les Villes ou Fauxbourgs de Pera & de Galata, où se jette un grand Fleuve nommé en Turc CHEATANA: c'est à son embouchure où l'on faisoit autrefois le Papier, du temps de l'Empereur Constantin.

Cette Ville est plus longue

que large ; elle est située sur sept collines, qui sont à la suite l'une de l'autre, & traversent toute la Ville.

La premiere de ces collines, est à la pointe du bras de mer dont j'ai parlé, où est bâti le Palais du Grand Seigneur, appellé le Serail ; & la derniere, est au bout de la Ville, vers la terre ferme, sur le chemin qui conduit à Andrinople ; entre ces deux collines, il y a un vallon où l'on voit le fameux Aqueduc que fit faire, avec grande dépense, l'Empereur Constantin, contenant quatorze milles d'Italie, qui conduit jusques au Serail, & qui fut depuis augmenté par Solyman, qui fit joindre à ce canal beaucoup d'autres eaux, qui se répandent abondamment par toute la Ville, & qui fourniſſent en differens endroits , juſques à ſix cens quarante fontaines, qui coulent dans pluſieurs grands bains ; ſçavoir deux cens vingt pour les Perſonnes de conſide-ration ; & quatre cens vingt, plus éloignées qui ſont publiques, où l'on entre en payant cinq aſpres au plus, qui ſont cinq ſols de France.

CHAPITRE II.

Du Chaſteau dit des Sept Tours.

SUR la derniere colline de la Ville, vers la terre ferme du côté du rivage du grand canal, il y a une ancienne & grande Fortereſſe , avec ſept tours au milieu ; (ce nombre a rapport aux ſept collines de la Ville:) cette Fortereſſe eſt nom-

mée GHEDICOLA, qui veut
dire Sept Tours, où la Garnison
est d'ordinaire de deux cens
cinquante soldats tous mariés,
& qui y font leur demeure
avec leur famille ; il y a aussi un
Gouverneur, & quatre Lieutenans, qui ne peut sortir hors
de la Forteresse, sans un congé
du premier Vizir, excepté
deux fois l'année, qui font
leurs deux Fêtes solemnelles ;
pour aller faire ses Oraisons à
la Mosquée, où étoit autrefois
l'Eglise de sainte Sophie, comme il sera dit ci-après.

Ces sept tours étoient autrefois remplies de divers tresors ;
sçavoir, une de plusieurs sortes
d'Equipages, travaillés en or
& en argent, enrichis de pierreries, dont on se servoit seulement dans la guerre ; une autre

de Monnoies & lingots d'or ; deux de Monnoies & lingots d'argent ; une autre de toutes fortes d'Armes antiques ; une autre de plufieurs Machines de guerre, propres à faire des Sieges ; & la feptiéme, contient encore à prefent les anciennes Archives de l'Empire Ottoman.

Chacune de ces tours eft ornée d'une gallerie remplie de diverfes antiquités, qui furent apportées par l'Empereur Selim, de la Ville Royale de Tauris.

Il y en a trois vers la mer, & deux vers la terre, qui regardent la Ville, dont le corps de chacune eft quarré, & le haut fe termine en pyramide environ de la hauteur de quatre braffes. Dans les deux tours

du milieu, sont déposés & gar-
dés le tresor de l'or, & les equipages garnis de pierreries; dans
les trois autres du côté de la
mer, les machines, les armes,
& les lingots d'argent; les deux
autres vers la Ville, contiennent
la Monnoie d'argent, & l'Ar-
chive des Ecritures.

Avant le regne de Selim II,
ces deux tours contenoient
beaucoup de richesses; mais la
prise de l'Isle de Chypre, & le
desastre arrivé dans l'armée des
Turcs, dans la fameuse journée de Lepante, sous le Ponti-
ficat du Pape Pie V, diminua
beaucoup ces deux tresors, ce
qui engagea le même Selim &
son fils Amurat, à les transporter dans le Serail, où ils sont
restés : ce que j'expliquerai
dans la suite.

Dans cette même Forteresse,
il y a grande provision de toutes sortes de vivres, de muni-
tions, de poudre, & d'autres
choses necessaires pour l'usage
de la guerre, avec trente pieces
d'artillerie, que le plus grand
homme peut à peine embrasser,
& plus de cent des grandeurs
ordinaires.

Il y a encore dans l'enclos, des
Bains, des Jardins Potagers, &
une Mosquée celebre & solemnelle, qui est une de celles qui
sont Privilegiées du Grand Seigneur, pour dire l'Oraison le
Vendredi, ce qu'il n'est pas permis de faire pendant ce jour,
en aucune autre Mosquée.
Il est à remarquer que celles
qui ont ce privilege, sont de-
diées par lui-même, ou par
Personnes commises & dépu-
tées de sa part.

Ce Château est la prison ordinaire des Rois pris par les
Turcs en quelque partie du
monde que ce soit. Il y avoit
encore en l'année 1660, les
deux fils du Roy de Thunis,
& le Roy d'Yemen : on y met
aussi les Bassa, quand ils ont
commis des fautes importantes. Les Prisonniers ont la liberté d'aller dans toute la Forteresse, & y ont des logemens
tres beaux, & quatre domestiques chacun, mais ils sont
privés de toutes sortes d'armes,
& on ne peut leur parler qu'a-
vec la permission du Vizir ou
Gouverneur du Château. La
porte ne s'ouvre le matin qu'à
une heure de jour, & se ferme
une heure avant que le Soleil
se couche ; & le Vendredi on
ne l'ouvre qu'à une heure après

midi, & on la referme à trois.

Il y a encore une abondance d'eau de source tres excellente, qui peut faire tourner un moulin, & qui vient par un Aqueduc souterrain, si ancien, qu'on ignore qui l'a fait construire.

CHAPITRE III.

Des Mosquées.

IL y a plus de deux mille Mosquées dans la Ville de Constantinople ; entre lesquelles il y en a seulement cinquante privilegiées, dont huit sont les principales de la Ville.

La premiere, est l'Eglise ancienne, autrefois bâtie en l'honneur de sainte Sophie, & maintenant appellée par les Turcs AYA SOFFIA: c'est la principale Mosquée du Grand

Seigneur, parce qu'elle eſt con-
tiguë au Serail, & qu'elle renferme les tombeaux des Princes de la Famille des Ottomans.

La ſeconde, eſt celle que fit
bâtir le Sultan Bajazet : elle
porte le nom de ſon Fonda-
teur.

La troiſiéme, eſt appellée
SULTAN MEHEMET, qui
fut élevée par les ordres du fils
de Solyman, qui portoit ce
nom.

La quatriéme, qui eſt la plus
belle après ſainte Sophie, eſt
nommée SOLYMANE, & fut
faite par Sultan Solyman, qui
y dépenſa plus de deux millions & demi d'or ; elle eſt conſ-
truite avec de très riches colonnes de marbre, & accom-
pagnée d'Hôpitaux, Colleges,

Bains, & quelques autres Edifices souterrains.

La cinquiéme, se nomme SULTAN SELIM, qui en sept années prit toute la Sorie, la Terre-Sainte, l'Egypte, & partie de la Perse, après avoir fait mourir son pere, pour posseder l'Empire.

La sixéme se nomme SULTAN MEHEMET, & fut bâtie par Mehemet, qui pilla Constantinople.

La septiéme est nommée MORADI, qui a été bâtie & mise dans sa perfection par Sultan Amurat, où étoit ancienne-ment le Patriachat de Constantinople.

La huitiéme, porte le nom de SULTAN AMURAT, & fut construite par ses ordres; elle est presque de même grandeur

que celle de Solyman, quant à
l'apparence de l'Edifice, mais
bien differente, quant aux em-
bellissemens & aux colonnes
que Solyman fit apporter d'A-
lexandrie, de la Sorie, & de la
Mesopotamie.

CHAPITRE IV.

De Sainte Sophie, & de la Mosquée de Solyman.

JE ferois une trop longue di-
gression, de vouloir entre-
prendre de parler des merveil-
les de l'Eglise de sainte Sophie,
bâtie, comme j'ai déja dit, par
les ordres du Grand Constantin, & aujourd'hui la premiere
Mosquée du Grand Seigneur.
Je ne laisserai pas neanmoins de
donner une idée succincte de
ce qui s'y rencontre de plus re-

marquable, comme il s'enfuit.

Le plan de l'Eglise est en
sextangle, faisant six faces, dont
quatre sont plus grandes que
les autres; les murailles sont de
brique cuitte, entremêlées de
Marbre blanc, Porphyres rouges, & Serpentines à l'entour, des portiques en voûte,
avec huit portes à l'entrée de
l'Eglise, il y a quatre autres
portes. Tout le corps de l'E-
glise est voûté, & orné d'un
dôme au milieu, plus grand en
hauteur & en largeur, que celui de saint Pierre au Vatican de
Rome, couvert de plomb, &
posé sur seize grosses colonnes
de marbre, dont quatre sont de
Diaspre de Chypre, semblables
en grosseur & en beauté, & cé-
pendant plus hautes que les
deux premieres qui se voyent à

la principale porte de la nouvelle face de saint Pierre de
Rome ; quatre autres sont de
Porphyre rouge de pareille
grosseur & hauteur ; quatre autres de Serpentine, qui sont
plus grosses que les autres ; &
les quatre dernieres sont de
Marbre blanc moucheté, plus
grosses que les quatre autres
precedentes ; toutes avec des
chapiteaux d'un travail ancien
& magnifique, sur lesquelles il
y avoit anciennement des figu-
res taillées, que le Grand Seigneur a fait ôter. Autour de
ces grandes colonnes, il y en a
vingt-quatre autres qui soutiennent la voûte qui environ-
ne le dôme, qui sont toutes de
differens Marbres, de Serpentine & de Porphyre, la plûpart
rondes, & quelques-unes quarrées :

rées : sur cette voûte, il y a pareil nombre de colonnes de
divers marbres, mais plus petites, qui soutiennent le haut du
dôme, à côté duquel il y en a
un autre, qui est appuyé d'un
côté sur ces vingt-quatre colonnes, & de l'autre, sur la derniere muraille du haut de l'E-
glise, qui est toute entremêlée
de divers marbres à l'antique,
de même que le portique, excepté qu'au dedans il est tout
travaillé à la Mosaïque, avec
des feuillages fort agréables à
la vûë; le pavé est aussi de la
même façon. Quant au dedans
de l'Eglise, il avoit été aussi premierement travaillé à la Mosaïque, mais Mehemet qui prit
Constantinople, fit entierement
détruire ce merveilleux ouvrage, & blanchir tous les lieux où

il y en avoit, excepté au milieu du dôme, où il laiſſa l'Ima-
ge de la Glorieuſe Vierge, faite
de Moſaïque à la Grecque,
qui par un ſecret de la Pro-
vidence de Dieu, s'y conſerve
encore maintenant. On a beaucoup de peine à voir cette Ima-
ge d'en bas, parce qu'elle eſt
couverte d'un voile, que le
Grand Seigneur y a fait mettre,
mais montant en haut, on la
voit fort bien, c'eſt une piece
qui eſt en grande veneration.

Sous cette Egliſe, il y a de
certaines grottes ſouterraines,
où du temps des Chrétiens, il y
avoit pluſieurs Autels & ſepul-
tures qui n'ont jamais été ouvertes, crainte qu'il n'y eût des
Saints de l'antiquité enſevelis;
le Grand Seigneur en ayant fait
fermer les portes, afin que per-

sonne n'y pût entrer. On dit
qu'il y trouva huit ou dix cru-
ches pleines de vieille huile,
dont deux étoient couvertes
de fer, enclouées ; l'une étoit
du temps du Grand Constantin, & l'autre plus ancienne,
passoit deux mille ans, dont
l'huile étoit blanche comme
du lait. Le Grand Seigneur
prit une bonne partie de ces
huiles, & en laissa le reste, faisant mettre à ce lieu une porte de fer pour les conserver, &
en pouvoir prendre aux occasions d'importance. Il se trouve
encore au même endroit, des
grottes qui tournent en plusieurs endroits de la Ville, &
correspondent toutes à ces Autels & sepultures, que j'ai dit
être dessous l'Eglise ; entre lesquelles il y en a deux plus gran-

des que les autres, dont l'une
répond derriere le Serail, &
l'autre va par le milieu de la
Ville : elle a aujourd'hui une
porte ouverte, afin que les Ouvriers en soye s'en puissent servir, pour étendre leurs étoffes,
en payant trois cens écus par
an.

La plus grande partie des
anciennes fabriques qui étoient
autour de cette Eglise, ont été
démolies & barrées par l'ordre
du Grand Seigneur, excepté
une partie de l'ancien Cloître
des Chanoines, qui à présent
sert de logement aux Religieux
Mahometans, & aux Ministres
de la Mosquée & de la Sacris-
tie : & à l'endroit où étoit le
Baptistere, le Grand Seigneur
y a fait son lieu d'armes, bâti
à l'antique, à trois voûtes l'une

sur l'autre ; l'Architecture est
en forme de sextangle.

Dans la Mosquée bâtie par
Solyman, il y a grand nombre
de grosses colonnes de marbre,
comme j'ai dit ci-devant, qu'il
y a fait apporter des Pays éloi-
gnés. Le dôme est fort grand,
& à l'entour il y a deux portiques, avec trente-deux dômes
plus petits que l'autre, & quatre clochers à chaque coin du
Bâtiment, qui ont douze faces
de marbre blanc fin, servans,
selon la coûtume des Mahometans, pour appeller à l'heure
ordinaire, le Peuple à haute
voix, au lieu de cloches qui
sont défenduës par leurs Loix.
Ils tendent une corde d'un
bout à l'autre les jours de grande Fête, où ils attachent des
lampes allumées, & qui sont

couvertes, dans lesquelles ils
font paroître pendant huit
jours, le Soleil, la Lune, & autres diverses choses fort agréables à voir.

CHAPITRE V.

*Des Eglises & Convents des Chré-
tiens, de leurs demeures, & de
celles des Juifs.*

IL y a dans Constantinople,
environ quarante Eglises de
Chrétiens Grecs, quatre de
Chrétiens Armeniens, & deux
de Latins; l'une appellée saint
Nicolas, ancienne demeure, &
qui l'est encore à present, des
Religieux de S. Dominique, &
l'autre se nomme sainte Marie;
elle est desservie par des Religieux Latins, selon l'ordre du
Vicaire Patriarchal Latin, resi-

dent à Pera. Ces deux Eglises font proches l'une de l'autre, & situées en CAFAMAGALA, qui veut dire Contrée des Caffaluches. Il y a dans cette Eglise de sainte Marie, une grande figure de la Vierge, de bois, fort an-cienne, belle & respectable, semblable au dessein de celle du Confalonier de Rome, sinon que celle-ci porte son Fils à son sein, que l'on croit être cette an-cienne & miraculeuse figure de Notre-Dame de Constantino-ple, qui a été en si grande ve-neration partout le monde.

Dans les Villes & Fauxbourgs de Pera, & de Galata, il y a huit Eglises ; sçavoir, saint François des Peres Mineurs Conventuels, saint Pierre des Peres de S. Dominique, sainte Marie des Peres Mineurs Ob-

servantins, saint Benoist des
Peres Jesuites, saint Jean-Baptiste, où des aumônes des Chrétiens, on a fait un Hôpital des
Pestiferés, saint Sebastien, qui
est sous le soin & la conduite
des Peres Mineurs Conven-
tuels, saint George & saint
Antoine, desservis par des Religieux Latins, selon l'ordre
du Pere Vicaire General, Patriarchal Latin, comme aussi
celle de saint Jean-Baptiste ci-
dessus; dans l'Eglise de saint
Antoine, il y a grande quantité
de toutes sortes de malades,
même des Turcs, qui en esperent leur guérison, à cause de
la grande dévotion qui se pratique dans cette Maison.

En cette Ville de Pera, demeurent ordinairement la plus
grande partie des Marchands
Chrétiens,

Chrétiens, & particulierement ceux de Venise ; mais le Baïle ou Agent de la Republique de Venise, fait sa residence aux Vignes de Pera, comme aussi l'Ambassadeur de France, & les autres Ambassadeurs de differens Princes, excepté celui de l'Empereur, qui n'est pas permanent ; qui est logé dans Constantinople.

Il y a dans la Ville trente-huit Synagogues pour les Juifs, établies en neuf differens Quartiers. Les Grecs logent indifferemment par toute la Ville, mais la plus grande partie demeure depuis environ le milieu, jusques à la Terre ferme.

Les Zingariens ont aussi leur demeure marquée en un endroit particulier de la Ville, où ils sont en grand nombre.

G

CHAPITRE VI.

Des Murailles, des Portes, &
des Places Publiques de
Conſtantinople.

LA Ville eſt environnée des
anciennes murailles de ſa
premiere fondation, qui ſont
ſemblables à celles de Rome,
avec des tours quarrées, & contiennent, ſans comprendre celles du Serail, quatorze milles
d'Italie ; le tour du Serail vers
la mer, eſt de trois milles & demi ; & du côté de la Ville, de
deux milles ou environ : de ſorte que tout le circuit de la Ville
ou du Serail, paſſe vingt milles.

Il y a dixneuf Portes en tout ;
ſçavoir, quatre du côté de la
Terre ferme, dont il y en a
deux principales ; une qui va

vers Andrinople, & l'autre vers
le Fauxbourg, où l'on croit que
repose le corps de saint Joseph,
qui sont semblables aux anciennes de Rome : mais les murailles du côté de terre, sont
doubles l'une dedans l'autre,
& du côté de la mer, elles sont
simples, excepté auprès de la
Porte appellée A Y C A P E Z Y,
qui veut dire Porte-Sainte, par
où Mehemet entra quand il
prit la Ville, après avoir ruiné
par les batteries du Siege, l'an-
ciene muraille ; les Chrétiens
en une nuit, en rétablirent une
autre longüe d'un mille, ce qui
fait qu'à cette Porte il y a deux
murailles. Cette Porte est appellée Sainte, parce que du
temps des Grecs il y avoit à côté une Eglise de tres grande
veneration, à cause des Corps

Saints qui y repoſoient, au lieu
de laquelle il y a maintenant
une Moſquée.

Les autres Portes, qui ſont
vers le grand Canal, du côté
de la Natolie, (qui eſt l'Aſie,)
ſont au nombre de ſix; ſçavoir,
cinq pour la Ville, & une particuliere, qui conduit aux Ecuries du Grand Seigneur; & du
côté du Canal étroit, près de
Pera, il y a ſept Portes anciennes, & deux nouvelles.

Il y a pluſieurs grandes Places,
entre autres celle qui eſt devant la Moſquée Royale, qui
eſt tres vaſte & tres belle; mais
les principales ſont au nombre
de quatre.

La premiere a été appellée
de tout temps le Petrome. Il y a
au milieu une Eguille unie en
forme quarrée, plus grande que

celle que le Pape Sixte V. fit élever en la Place de S. Pierre de Rome. Il y en a aussi deux autres faites partie de marbre, & partie de brique, aussi hautes que la premiere, sur lesquelles, sous le Regne du Grand Constantin, on mettoit les étendarts aux jours de fêtes & de réjouissances.

Il y a encore dans la même Place, trois Serpens de bronze entortillés, la tête dressée en haut & la gueule ouverte ; le bas de la mâchoire manque à un, parce que le Sultan Mehemet le rompit avec ses mains lorsqu'il prit la Ville, croyant que ce fût quelque enchantement : ils sont grands comme la moitié des Eguilles dont j'ai parlé ci-dessus.

Cette Place est deux fois plus

longue que la Place Navone de
Rome, & une fois & demie plus
large. C'est dans cette Place
que l'on celebre les principales
fêtes, & les réjouiſſances pour
le Grand Seigneur ; on tient
que le deſſous eſt creuſé, mais
les portes de l'entrée étant toujours fermées crainte de quelques accidens, il n'y a perſonne
qui puiſſe en parler ſçavam-
ment : c'eſt autour de cette
Place que ſont logés les parens
du Grand Seigneur.

L'on peut encore mettre au
rang des principales Places publiques, celle qui eſt devant la
Moſquée de Sultan Bajazet ;
c'eſt une des deux où s'aſſem-
blent tous les Charlatans &
Danſeurs de Corde : l'autre eſt
devant la Moſquée du Sultan
Solyman.

Les autres ſont dans la grande
vallée du milieu des ſept collines de la Ville, comme j'ai dit
ci-deſſus; elles ſont d'une grande étenduë, & ſervent principalement pour faire courir les
Chevaux, & les exercer pour
le manege.

Tous les jours il y a Marché
en quelque endroit de la Ville,
mais les principaux ſe tiennent
le Mercredi, le Jeudi, & le
Vendredi. Il ſe tient ce jour là
en trois endroits differens, & il
s'appelle SCHIBAZAR, qui veut
dire Marché des choſes neceſſaires. Il s'y debite pluſieurs
ſortes de Marchandiſes, & en
fort grande quantité, puiſqu'il
y a plus de deux mille Boutiques toutes garnies de vieilles
nippes : & de tout ce qui s'y
vend, on paye à la Chambre un

tribut de demi pour cent. Ce
Dace produit par an environ
six charges de monnoie, qui
font la somme de onze mille
écus.

CHAPITRE VII.

Des Boutiques des Marchands, des
Baßars, & des Daces ou Tributs
que l'on paye au Grand Seigneur.

LEs Boutiques des Mar-
chands & des Artisans,
qui sont répanduës par toute la
Ville, montent à plus de quarante mille. Chaque commerce a un lieu separé des autres,
pour la commodité de la Ville,
excepté les Orfévres, les Jouailliers, & les Marchands d'Etoffes de Soies, & de Draps, qui
demeurent tous dans le même
Quartier.

Il y a deux endroits appellés
BASSARS, (c'est à dire Marché,) qui sont entourrés de murailles de l'épaisseur de douze
pieds ou environ, où l'on peut
être à couvert du mauvais
temps, parce que ces endroits
sont voûtés. Le plus spacieux
est de trois ruës, & la voûte en
est soutenuë par vingt-quatre
piliers quarrés : & l'autre n'a que
deux ruës, & seize piliers pour
en soutenir la voûte. Ils sont
entourrés de Boutiques, avec
des armoires contre les murailles & les piliers, qui sont de
la hauteur de deux brasses. Les
Marchands qui les occupent,
sont taxés tous les ans à cinq
cens sequins : ils ne peuvent
avoir qu'un comptoir devant
eux, & il est défendu à tous autres Marchands qu'aux Orfé-

vres, Jouailliers, & Marchands
de Soies, d'occuper ces Boutiques. Il y a encore autour des
murailles en dehors, des Boutiques qui ne sont occupées que
par des Orfévres, qui payent
chacun cent sequins par an.

Dans l'autre Bassar, qui est
plus petit & qui n'a que seize
piliers, il n'y a que des Marchands de Toiles, de Soie déliée, & de Filasse. Il y a quatre
doubles portes comme au premier, & autour du dehors, il y a
un Marché d'Esclaves, où d'un
côté sont ceux qui sont instruits, & de l'autre, les nou-
veaux ; l'on y vend aussi des
Nourrices. Le tribut que l'on
tire de la vente des Esclaves,
monte à seize mille sequins par
an.

Dans la Ville de Constantino-

ple, on trouve des Tavernes,
où l'on vend le vin aux Chrétiens, aux Hebreux, & ſecrettement aux Turcs, parce que
par leur Loi, il leur eſt tres ex-
preſſément défendu d'en boire.
Le tribur que l'on tire de ces
Cabarets, monte à trente-ſix
charges de monnoie par an; la
charge vaut environ ſeize cens
trente-trois ſequins.

Il y a neuf endroits où l'on
vend le Poiſſon; le principal eſt
au rivage de la mer proche de
Pera : il produit par an dixhuit
charges de monnoie.

Il y a auſſi un lieu où l'on vend
le Bled, les Farines, & toutes
ſortes de Legumes, qui rend
quatorze charges de monnoie
par an.

Le Dace de la grande Doüan-
ne, où arrivent les Epiceries &

toutes sortes de Marchandises,
rend par an cent quatre-vingt
charges de monnoie : & celui
des Châteaux de Gallipoli,
jusques à ceux de la mer Noire,
produit pareille somme.

Les grandes Boucheries ne
sont point dans la Ville, mais
hors des murailles, d'où l'on en-
voie vendre la viande dans la
Ville. Elles produisent par an
trente-deux charges de monnoie : la plus grande partie de
ce tribut, se paye pendant le
mois d'Octobre & de Novem-
bre, à cause du grand nombre
de bestial qui vient de la Hongrie, dont le peuple se fournit
en ce temps pour toute l'année.
Pendant le Marché qui est de
vingt-quatre jours, il est défendu aux Bouchers d'y rien
acheter, que le peuple n'aye

fait ſa proviſion ; l'on y debite
au moins vingt-deux mille
Bœufs ou Moutons, & plus de
quarante mille Chevreaux.

L'on tire encore un autre tribut ſur les ventes qui ſe font
des Biens immeubles, tant en
Maiſons qu'en Heritages, dans
le Détroit, à dixhuit milles autour de la Ville ; l'on comprend
dans ce tribut, la vente des
Vaiſſeaux & de toutes ſortes de
Barques portans voiles : l'on
paye deux pour cent de ces
ventes. Il y a un Officier payé
ſur ce droit, dont la Charge eſt
d'être preſent, lorſque l'on
conclut la vente de quelque
Marchandiſe que ce ſoit, juſques à cinquante ſequins & audeſſus, dont il prend une note
qu'il eſt obligé de rapporter au
lieu deſtiné par la Chambre,

où les vendeurs payent demi
pour cent du gain qu'ils font,
& celui qui manque de faire
cette declaration, perd l'Office,
& est condamné en d'autres
peines, à l'arbitrage du Fermier
des tributs de Sa Hautesse, qui
en paye annuellement quatorze
mille charges de monnoie.

Il y a un autre Dace qui se
paye par chacune personne qui
s'embarque pour faire quelque
voyage; sçavoir, un Turc ou
Mahometan paye un aspre, un
Chrétien, Juif, ou d'autre secte,
paye deux aspres; & le Vaisseau
ne peut sortir du Port, ni lever
le voile, que les Officiers du
Grand Seigneur n'y ayent fait
la visite, pour voir si il y a des
esclaves, ou des fugitifs, & la
Ferme de ce droit, produit par
an quatre charges de monnoie.

Il y a un autre Dace, appellé en langue Turque CHARAH, qui se prend sur les enfans mâles des Juifs, qui payent par an au Grand Seigneur, un sequin, ce qui produit environ onze mille trois cens sequins. Il y a trois cens Hebreux exempts de cette Loi.

Outre ce droit, les Juifs payent encore trois mille sequins par an, pour conserver leurs Privileges de tenir des Synagogues; & tous les ans en payant ce droit, ils en prennent une confirmation nouvelle, avec pouvoir de prendre le titre de *Raby*, ou plûtôt *Rabin*, qui est le chef de la Synagogue, & qui leur sert de Patriarche: ils sont encore redevables de douze cens sequins, pour la permission d'ensevelir leurs morts.

Les Chrétiens Grecs qui font fous la domination du Grand Seigneur dans Conftantinople, Pera, ou Scotarete, petite Ville éloignée de Conftantinople d'environ trois milles, payent tous le Carage, qui eft d'un fequin par tête de chaque enfant mâle. Ce tribut produit par an trente-huit mille fequins.

Ils payent de plus vingt-cinq mille fequins, pour maintenir le titre & l'autorité du Patriarchat, & conferver leurs Églifes.

Ils doivent encore mille fequins par an, pour le droit d'enfevelir leurs morts.

Il y a encore un autre Dace, qui s'appelle le Dace des Vierges, qui eft ordonné par Mahomet, qui veut que toute fille qui fe marie, foit écrite fur le Livre Matrimonial, pardevant

le

le Juge député à cet effet. Si
c'eſt une fille Turque ou Ma-
homerane, elle doit les deux
tiers d'un ſequin ; ſi c'eſt une
Juifve, elle doit un ſequin ; une
Chrétienne Grecque, la même
choſe. Les Armeniens payent
ce Dace ainſi que les Grecs,
mais ils ne payent point à Conſtantinople, ils payent ſeulement
à Antioche & à Jeruſalem, où
ils ont leurs Patriarches.

Les Chrétiens Latins qui ſont
habitués à Conſtantinople, ou
à Pera, ſoit mariés, ou non mariés, payent un ſequin par tête,
& rien autre choſe, mais la plu-
part s'en exemptent, en ſe faiſant écrire au nombre des Officiers de quelques Baïles, ou autres Ambaſſadeurs des Princes,
qui en ſont exempts.

Les Zingariens payent le
D'

double des Hebreux, & leurs
femmes payent aussi : ils ne sont
point vagabonds & courant le
Pays comme ailleurs, mais ils
travaillent à quelques métiers,
font differens commerces, &
obéissent à un Chef.

Les Esclaves qui ont acquis
la liberté, soit par grace, ou
par rachat, ne payent aucun
Carage, quoiqu'ils soient mariés ; ils font aussi exempts de
tous les Daces, pour toutes les
choses necessaires à l'usage de
la vie. Les Chrétiens Ragu-
siens, & les Albanois, sont aussi
exempts de tous tributs.

CHAPITRE VIII.

Des Carvanßaras, logemens, ou autres endroits pour les Etrangers, Hôpitaux, Convents, Colleges Turcs, & autres logemens publics pour les Turcs.

IL y a dans la Ville de Conſtantinople, plus de trois
cens lieux pour ſervir de retrai-
te aux Etrangers, qu'on appelle en langage Turc CARVANS-
SARAS, dont les bâtimens ſont
capables de loger un grand
nombre de perſonnes : les Appartemens bas ſont diſpoſés en
Magaſins, propres à mettre
toutes ſortes de Marchandiſes.
Les Hôpitaux ſont en grande
quantité, & l'on en compte environ quatre-vingt, dont il y
en a neuf pricipaux, remarqua-

bles par leur beauté & leur grandeur : ils font proches des Mofquées Royales.

Il y a cent vingt Colleges, où demeurent plufieurs Ecoliers, appellés S o p h a, qui veut dire Sages, ou Etudians, à qui on donne dans ces Colleges à cha-cun une chambre, un domef-tique pour les fervir, un tapis, deux habits par an, quatre pains, une mineftre, & une chandelle par jour : ils ont des Maîtres qui leur enfei-gnent les fciences qu'ils defi-rent fçavoir, & que l'on paye des entrées, & des droits attri-bués aux Colleges. Quand ces Ecoliers ont paffé un an dans ces Colleges, on commence à leur donner quelque gratifi-cation d'un afpre par jour, que l'on double d'année en année :

ils ont aussi du profit des Livres
qu'ils écrivent, parce qu'il n'y
a point d'Imprimerie à Constantinople, ainsi que dans le
reste de la Turquie ; & aussi
à aller enseigner les enfans des
Seigneurs dans leurs Maisons.
La plûpart de ces Ecoliers de-
viennent extremement mé-
chans, principalement dans la
Caramanie & dans la Natolie,
parce qu'ils ont le privilege de
ne pouvoir être repris en Justice, d'aucuns crimes qu'ils puissent commettre, n'étant sou-
mis qu'à l'autorité de leurs
Chefs, qui doit premierement
les examiner, & après les remettre à la Justice seculiere,
s'il les juge assez criminels, pour
y être punis suivant leurs fautes. Sultan Amurat, voulut un
jour, par quelque raison se-

crette, sçavoir quel nombre il y en avoit, & l'on trouva que dans la Grece, la Natolie, & la Caramanie, leur nombre excedoit quatre-vingt-dix mille, outre ceux de la Perse, de la Sorie, de l'Arabie, & du Caire, dont le nombre est infini.

Il y a environ vingt Prédicans, dont le nom est Seché en langue Turque; ce mot veut dire en François, un homme venerable par son âge. On leur porte un grand respect, & chacun d'eux est le Chef d'une Secte ou Religion, où aucun ne peut se marier, excepté le Chef qui prêche tous les Vendredis dans la principale Mosquée, & chaque jour il fait en quelque Mosquée particuliere, un Sermon qui dure plus de deux heures. Le Prédicant est assis devant le pulpitre, avec un Livre ouvert devant lui.

Le matin tous ces Religieux ou Sectateurs, se rendent à la Mosquée de bonne heure, où ils font à voix haute, l'Oraison qui dure plus de deux heures, & ils la recommencent le soir, de la même façon.

Quand ces Prédicateurs sont morts, on les ensevelit dans une Chapelle bâtie au dehors de la Mosquée où ils prêchoient ordinairement ; pour laquelle tous les Sectateurs du Prédicant, ont une tres grande veneration.

CHAPITRE IX.

De la maniere d'administrer la Justice.

IL y a dans la Ville, quatre Juges, qui ont leur residence aux quatre coins de la Ville, pour expedier les affaires touchant le Civil ; leur nom en langage Turc est CADY, qui veut dire dans le nôtre, Juge.

Le Juge principal qu'ils appellent CADY BOUVICH, qui veut dire Grand Juge, ou bien ESTAMBOL CADISI, qui signifie le Juge de Constantinople, connoît tant du Civil, que du Criminel, & personne ne peut être executé à mort, qu'il n'ait ratifié la Sentence, & même on peut appeller des Jugemens rendus par

les

les quatre autres Juges ou Cadys ordinaires, pardevant ce Grand Juge, dont ils dépendent abſolument.

Il y a encore dans la Ville quelques Capitaines, qui ont audeſſus d'eux un Commandant, qu'on appelle le Grand Capitaine de Juſtice, ce qui s'exprime en langage Turc, par ce ſeul mot SEIBASSI. Il demeure la plus grande partie du jour dans la grande Priſon, où il tient ſon Tribunal pour l'expedition des Cauſes, dont il fait enſuite ſon rapport au Grand Vizir. Il a ſous lui les quatre Capitaines ci-deſſus, & quatre Lieutenans, qui ont chacun quarante Sergens avec eux, pour roder dans la Ville, & empêcher qu'il ne ſe commette aucuns meurtres, vols,

E

ou autres crimes.

La grande Prison est extremement forte, & separée en deux
parties, dont chacune a une
cour, & au milieu une fontaine,
pour les besoins des Prisonniers;
les logemens sont autour de ces
cours, & toutes les chambres
en sont voûtées.

Elle renferme en tout temps
à peu près deux mille Prisonniers, tant pour le Civil que
pour le Criminel.

On y met les Criminels aux
chambres basses, & ceux qui
sont prisonniers pour le Civil,
sont dans les chambres hautes,
où l'on separe les Chrétiens des
Juifs & des Turcs; mais dans
les chambres criminelles, ils
sont tous ensemble indifferemment. Les Turcs qui sont
grands observateurs des cere-

monies extérieures de leurs Loix, obéiffent tres ponctuel-lement au Precepte qui leur commande de faire des aumô-nes aux Prifonniers, ce qu'ils font prefque tous, les uns en ar-gent, mais la plus grande partie en vivres; & quelquefois elles font fi abondantes, que les Geo-liers de ces prifons, en ont pour leur entretien particulier, & celui de leurs familles; les au-mônes que l'on fait en argent, font affermées à trois fequins par jour.

Quelquefois il arrive que le Grand Seigneur envoye pren-dre une lifte des noms des Pri-fonniers qui font renfermés pour dettes, & fait délivrer tous ceux qui s'y trouvent pour des dettes audeffous de trois cens livres, en payant pour eux;

& même dans les occasions, si
il s'y trouve quelque personne
de merite & de consideration,
qui soit détenu pour une somme considerable, il paye gene-
reusement pour lui, & le fait
mettre en liberté.

Il y a dans la Ville, outre le
Serail, trois grands Bâtimens
tres considerables, dont l'un
s'appelle la Sellerie; c'est l'endroit où l'on travaille aux selles
& enharnachemens des Che-
vaux, & où sont continuellement employés plus de quatre
mille ouvriers: ce lieu est quarré, & environné de fortes murailles ; l'on y entre par deux
belles portes, & l'on trouve au
milieu de la cour une Mosquée,
vis à vis laquelle il y a une fontaine de tres bonne eau, pour
les besoins des ouvriers, & de

ceux qui demeurent dans ce Bâtiment.

Les deux autres Bâtimens servent de demeure aux Janiſſaires. L'un ſe nomme ESCHIO-DOLAR, qui ſignifie en notre langue, vieilles Habitations ; & l'autre s'appelle GENIODOLAR, qui veut dire, nouvelles Habitations. Le plan en eſt quarré, il eſt plus vaſte que l'autre, de preſque la moitié. Dans chacun de ces Bâtimens, il y a des appartemens ſeparés, où demeure un Officier nommé AYBASSI, qui veut dire Chef de la gloire : dans l'un & l'autre de ces Bâtimens, il y a environ deux cens de ces Officiers, qui commandent chacun deux cens Janiſſaires : ils ont un ſi grand pouvoir ſur cette Soldateſque, qu'aucun d'eux ne peut

,sortir de la porte, sans la per-
million de son Officier, qui a
sous lui quatre Officiers Subal-
ternes, nommés B O L A C H I
B A S S I, pour tenir la main à l'e-
xecution de ses ordres, & que
chacun fasse son devoir. Tous
les soirs il a soin de fermer les
portes à clef, ne s'en rapportant
là-dessus qu'à lui-même.

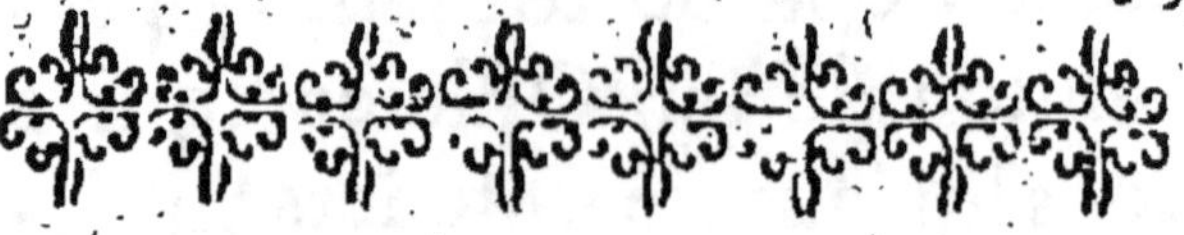

NOUVELLE DESCRIPTION DE LA VILLE
DE
CONSTANTINOPLE.
LIVRE SECOND.

CHAPITRE PREMIER.

Du Grand Serail, & des autres demeures, ou Palais du Grand Seigneur.

IL y a trois fortes de Serails à Conſtantinople.

Le premier eſt celui qui ſert de demeure au Grand Seigneur ; il a plus d'étenduë que tous les autres, & s'appelle

BOUVICH SERAY, c'est à dire, le grand Serail.

Le second se nomme ECCHI SERAY, qui signifie le vieux Serail.

Le troisiéme est plus petit, & situé au Petrome, qui sert seulement quand on fait la grande Fête où assiste le Grand Seigneur ; il sert de demeure à quatre cens jeunes hommes appellés AZZAMOGLANS, avec leurs Maîtres nommés COZA, qui leur apprennent les Belles Lettres, à faire des armes, à lutter, à courir, à lancer le dard, & à tirer de l'arc. Ces jeunes hommes après avoir appris ces exercices, sont employés au Service du Grand Seigneur, ne sortant de cette Ecole qu'avec le titre de SPAY, qui veut dire hommes d'armes.

Ils sont aux gages du Grand
Seigneur, qui leur donne plus
ou moins, suivant leur merite
& leur valeur : ce Serail a été
construit par Ibrahim Bassa,
gendre de Sultan Solyman.

Le second Serail que j'ai déja
dit que l'on appelle Ecchi
Seray, qui veut dire le vieux
Serail, est ainsi nommé, parce
que ce fut le premier Serail
que le Grand Seigneur fit construire après la prise de Constantinople : il est de forme
quarrée, & presque au milieu
de la Ville ; il contient trois
milles d'Italie de circuit.

Toutes les Dames qui ont été
logées dans le grand Serail,
pendant la vie du Grand Seigneur precedent, habitent à
present dans le second, surtout
celles qui ayant eu commerce

avec le Grand Seigneur, n'en
ont point eu d'enfans, & celles
que par leur peu de beauté il
n'a pas jugé à propos de favori-
ser de sa couche, & qui n'ont
aucune esperance de pouvoir se
procurer cette faveur, alors on
les transfere dans ce Serail.

Il y a encore avec ces Dames,
toutes les Nourrices des freres
du Grand Seigneur regnant, &
autres femmes de cette qualité;
elles y sont severement gardées, sans esperance d'en jamais sortir, si ce n'est pour être
mariées à quelque Bassa, ou autre personne de grande consideration; ce qui arrive avec la
permission & l'agrément du
Grand Seigneur, les Turcs se
faisant un grand honneur d'a-
voir en mariage des Dames qui
ayent eu l'honneur de sa cou-

che : alors il leur fait des avantages considerables , & il honore leur mari de sa faveur.
Ces Dames jouissent dans ce
Serail, de tous les plaisirs qu'elles peuvent desirer , & ne manquent d'aucunes des choses qui
peuvent être necessaires à la
vie. Quelquefois le Grand Seigneur y va passer des mois en-
tiers, sans se laisser voir à personne ; c'est alors qu'oubliant
toutes sortes d'affaires , il ne
pense qu'à prendre du plaisir
avec ces Dames, qui profitent
de ce temps, pour en obtenir
tout ce qu'elles desirent, ayant
coûtume de ne leur rien refuser
de ce qu'elles lui demandent
dans ce moment.

Nous avons déja dit que le
grand Serail contient quatre
milles de circuit ; il est enfermé

de trois murailles du côté de
terre ferme, & seulement deux
du côté de la mer : la premiere
commence vers sainte Sophie,
avec une grande porte, & quarante Capigys pour la garder;
de là, jusques à la muraille, il y
a une place enfermée d'ais, où
sont plus de deux mille fendeurs de bois, qui servent pour
les cuisines du Serail : l'on fait
venir le bois dont on s'y sert,
des Forêts qui sont de l'autre
côté de la mer Noire. Il y a
continuellement deux mille
Vaisseaux legers, qui ne sont
employés qu'à le transporter
de l'un à l'autre bord. Ces ouvriers ou fendeurs de bois, sont
appellés BELTAGY, on les
employe aussi à faire la cuisine
du Commun des Officiers du
Serail, comme aussi à plusieurs

autres offices bas & vils. Au milieu de cette place se trouve le
Baptistere qui dépendoit autrefois de la belle Eglise de
sainte Sophie; il est défendu à
toutes personnes d'entrer à
cheval jusques à cette place,
même aux Bassas. On entre
après par la seconde porte, qui
est celle des deux murailles, où
il y a aussi une grande garde de
Capigys. Aux jours que l'on
tient le Divan, il est expressé-
ment défendu de passer plus
avant, sans ordre du Chef des
Capigys.

CHAPITRE II.

Du Divan, des Offices, & des autres
Logemens particuliers du Serail.

LE Divan se tient quatre
jours de la Semaine, qui

ont rapport au Samedi, Dimanche, Lundi, & Mardi : ces jours là s'assemblent les principaux Officiers de l'Empire, sçavoir, le Grand Vizir, Lieutenant General de l'Empire, & qui represente la personne du Grand Seigneur ; les six autres Vizirs ; le Bassa de Natolie, qu'on appelle BEGLIARBEY; le Chef des Janissaires, appellé JANISSAIRA AGA; les deux Presidens nommés CALISCHER, qui signifie Juges de l'Armée ; les trois Presidens des Armées Ottomanes, & les trois Presidens de Judicature, appellés DEFITERDAR, qui tous vaquent avec plusieurs autres Officiers, depuis le point du jour, jusques à midi, à l'expedition des Affaires.

La Salle où se tient le Divan,

est faite en voûte, avec de tres
grandes chambres qui sont toutes ouvertes ; audevant est le
Portique où le Peuple attend,
& où sont les Gardes qui défen-
dent l'entrée des chambres, &
introduisent six personnes à la
fois seulement : de cette façon
l'on expedie tout le monde l'un
aprés l'autre. Quand tout est
fini, les Juges vont rendre
compte au Grand Seigneur, de
tout ce qui s'est fait au Divan ;
si il ne dit mot, c'est une marque certaine qu'il a pour agréable, & qu'il approuve ce qui
a été prononcé au Divan ; mais
si cela ne lui plaît pas, il le fait
paroître par un signe, & de
cette maniere il fait connoître
son intention, à quoi on obéit
tres ponctuellement & sans re-
plique.

Le Grand Vizir eſt le premier
qui fait ſon rapport au Grand
Seigneur, & chacun des Juges
fait enſuite le ſien, dans l'ordre
de ſon rang & de ſa Dignité.

Le Grand Vizir eſt la premiere perſonne de l'Empire après
ſon Maître, & il a ſeul l'honneur de conferer des Affaires
d'importance avec lui, ne par-
lant point aux autres Juges que
par ſigne. Le même Vizir eſt
toujours preſent, quand les
Ambaſſadeurs des Princes
Etrangers vont à l'Audience
du Grand Seigneur, & leur
rend réponſe en ſon nom, ce
qu'il comprend par le ſigne que
lui fait ſon Maître.

Le Divan eſt à main gauche à
l'entrée du Serail, & à main
droite ſont les cuiſines & la
Commune, où l'on prépare le
matin

matin de bonne heure, des
Oiſeaux cuits, pour le déjeûner des Officiers du Serail.

Dans l'eſpace qui eſt entre la
cuiſine & le Divan, eſt le Treſor eommun, où il y a toujours
au milieu, des ſacs d'argent
couchés par terre, & quand on
apporte les entrées de la Ville &
des Provinces, elles ſont miſes
en ce lieu, où l'on en fait la diſ-
tribution, aux gens qui ſont gagés du Grand Seigneur, qui fait
reſerver tout l'or que bon lui
ſemble, pour mettre au Treſor
ſecret.

On trouve enſuite la troiſiéme muraille, qui n'eſt pas trop
élevée, mais aſſez forte ; les
portes en ſont plus baſſes que
celles des autres murailles ; il y
a une garde d'Eunuques. On
entre enſuite dans une grande

F

place, où font fur la gauche les logemens des Pages & des Gentilshommes qui fervent le Grand Seigneur ; & fur la droite, font les Appartemens de Sa Hauteffe, & enfuite les logemens des Pages, qui font leurs exercices, pour être mis au nombre des Spays, & en cette qualité, entrer au fervice du Grand Seigneur : leur nombre eft au moins de fix cens.

Sa Hauteffe tient toujours auprès de foi, pour chacun des fervices qu'il appartient rendre à fa Perfonne, jufques au nombre de trente hommes, c'eft à dire, trente pour lui fervir la chemife, trente pour le pourpoint, trente pour la petite foutane étroite, trente pour la juppe de deffous, trente pour la robe fourée de peau, trente

pour le Turban, trente pour les
chausses, trente pour les chauf-
settes, trente pour les souliers,
trente pour faire son lit, trente
pour ranger la chambre, & enfin trente pour avoir soin de la
tenir nette.

Après avoir passé cette place, on entre dans une étroite
gallerie, & de là dans une autre
cour, où l'on trouve un Parterre de toutes sortes de fleurs ;
d'un côté sont les Appartemens du Grand Seigneur,
quand il est avec ses Dames. Il
y va par des galleries hautes,
dont les clefs des portes sont
gardées par lui-même, ou bien
par le Chef des Eunuques, qui
a le soin de la garde de la porte
de ces Dames. On choisit ces
Eunuques plûtôt parmi les
noirs, que parmi les blancs, afin

que fi par hazard elles les ap-
perçoivent, (ce qui peut tres
difficilement arriver,) leur dif-
formité leur infpire une telle
horreur, qu'elles en foient
épouventées, & en apprehen-
dent la rencontre, & ayent une
idée d'autant plus favorable
du Grand Seigneur.

A la fuite, & un peu éloigné
des Appartemens où Sa Hauteffe eft fervie par des hommes,
font les logemens des Muets:
ils font trente, tous enfermés en
une cour, où ils font pourvus de
toutes fortes de commodités
pour la vie, comme Bains, Fontaines, & Jardins. Le Grand
Seigneur fe fait quelquefois,
& furtout après fon dîner, un
plaifir de paffer quelque temps
avec eux; il les entretient par
fignes, & les mene quelque-

fois aussi à sa suite dans le grand
Jardin, & prend plaisir de donner à quelqu'un d'eux qui le ré-
jouit davantage, une Muette
pour lui tenir compagnie pendant quelque temps.

Un peu plus loin, est l'appartement des Nains, & des autres
Eunuques qui ne sont point encore instruits.

Du côté où demeurent les
Sultanes, il y a des cours, des
Bains, des Fontaines, & des
Appartemens separés pour chacune; en sorte que Sa Hautesse
peut aller par le moyen d'une
gallerie, visiter l'une, sans
qu'aucune des autres puisse
s'en appercevoir.

Joignant l'Appartement des
Dames Sultanes, sont ceux où
l'on nourrit les enfans mâles du
Grand Seigneur, parce que les

filles demeurent auprès de leur
mere, & quand les mâles ont
atteint l'âge de six ans, on les
sépare d'elles, & on les loge
dans les Appartemens qui leur
font deftinés, avec les Precepteurs qui leur enfeignent ce
qui eft neceffaire.

Tous ces logemens du Grand
Seigneur, tant du côté où il eft
fervi par les hommes, que de
celui des Dames, contiennent
deux corps de logis feparés l'un
de l'autre ; chacun defquels a
plus de quarante galleries entre les falles & les chambres,
avec la commodité des Bains,
Jardins, Fontaines, Volieres, &
autres lieux, accompagnés de
grands Bâtimens d'une fym-
metrie parfaitement reguliere,
dont le dedans eft meublé de
divers Brocards de grande va-

leur, les planchers sont couverts de tapis tres fins, avec des
coussins de magnifiques étoffes.

Toutes les Littieres de Sa
Hautesse, sont d'Ivoire, un peu
plus hautes de trois pieds de
terre; il y en a quelques-unes
mêlées de bois d'Aloës, de San-
dal, & de grandes pieces de
Corail; entre autres, on distin-
gue facilement celle qui fut
envoyée à Amurat, & qui coûta plus de neuf mille écus.

CHAPITRE III.

Du Tresor secret, & des ceremonies
qui s'observent lorsque le Grand
Seigneur y entre.

L E tresor secret est dans des
caveaux qui sont partie
audessous des Appartemens des
hommes, & partie audessous

desAppartemens qui sont pour
les Dames, & se trouve soûs les
chambres mêmes où le Grand
Seigneur a coûtume de coucher. L'entrée de ces caveaux
est fermée de trois portes, toutes garnies de lames de fer :
on a coûtume de les ouvrir une
fois l'an, lorsqu'on apporte les
entrées du Caire, qui produisent au Tresor six cens mille sequins d'or, après qu'on a payê
toutes les dépenses du Royaume.

Voici les ceremonies qui s'observent lorsque le Grand Seigneur descend dans le Tresor
secret, ce qui n'arrive qu'une
fois l'année, & lorsque le Grand
Vizir l'avertit qu'il est temps,
& qu'il faut y porter une somme considerable. D'abord à la
clarté des flambeaux, on descend

cend dix ou douze degrés, au
bout desquels après avoir avan-
cé sept ou huit pas, on trouve
une seconde porte, garnie comme la premiere, de fortes lames de fer, mais de beaucoup
plus petite, en sorte qu'on est
obligé de se baisser en entrant.
Quand elle est ouverte, & que
l'on a passé comme sous un guichet, on se trouve sous une
grande voûte, où l'on voit rangés plusieurs coffres d'égale
grandeur.

C'est dans ces coffres que l'on
renferme depuis longtemps,
l'épargne des Monarques Ottomans, & il n'y entre que de
l'or, tout l'argent étant porté à
l'autre Tresor pour les besoins
ordinaires. Après la mort d'A-
murat, Ibrahim qui vint au
Thrône, trouva dans ce Tresor

quatre mille facs, qu'ils appellent K I Z E S, & chaque fac eft
de quinze mille ducats d'or, ou
trente mille écus : cette fom-
me en total eft furprenante, &
monte à trois cens foixante millions de livres de notre monnoie. C'eft ce même Amurat,
fage & vaillant Prince, grand
œconome, & prudent Capi-
taine, dont j'ai parlé plufieurs
fois, qui fit la guerre au Roi de
Perfe, & affiegea Bagdat ou
Babylone, qu'il prit le 22 De-
cembre 1638.

Ibrahim à fon avenement à
la Couronne, trouva donc dans
le Trefor fecret, cette prodi-
gieufe quantité d'or, qu'il ne
fçut pas augmenter, & à laquelle au contraire, quelques-
uns difent qu'il fut obligé de
toucher, par fa mauvaife con-

duite dans la guerre de Candie. Il eſt vrai que ſa longueur
donna de vives atteintes aux
finances de l'Empire, mais deux
fortes raiſons m'empêchent
d'ajouter foi à ceux qui diſent,
qu'elles paſſerent juſques au
Treſor ſecret : car enfin, c'eſt
comme une Loi fondamentale,
qu'avant que d'en rien ôter, il
faut que l'Empire ſoit menacé
de ſa ruine entiere, & il eſt conſ-
tant qu'encore que les Turcs
n'euſſent pû ſe rendre tout à
fait maîtres de la Candie, leur
Empire n'en recevoit pas un
échec qui pût préjudicier ;
d'ailleurs il faut remarquer,
que lorſque le Grand Seigneur
perd une Bataille, c'eſt un déſa-
vantage pour ſes Provinces qui
ſe dépeuplent, & en ſont moins
cultivées, mais c'eſt un avanta-

ge pour ses coffres, d'où il faut
moins tirer. La raison en est
claire, parce qu'il paye aux
vieux soldats sept ou huit aspres par jour, & que ceux des
nouvelles levées, ne lui en coû-
tent qu'un & demi, ou deux au
plus ; leur paye s'augmentant
avec le temps, selon leur service & le bon plaisir du Prince ; à
quoi il faut ajouter, que lorsqu'un Empereur meurt, son
successeur hausse la paye des
Janissaires, d'un aspre ou deux.

Il est vrai qu'il est mort un
grand nombre de Turcs dans la
guerre de Candie ; mais il est
vrai aussi que dans le grand
nombre de Royaumes & de
Provinces, dont l'Empire est
composé, entre lesquels il y en
a de tres fertiles & tres peuplés,
il est aisé de lever des Armées

nombreuſes, & de les remplir
quand elles ont été affoiblies
par une défaite, ou par quelque
maladie qui s'y met ſouvent.
Sur ces deux fondemens, je ne
puis bien croire qu'Ibrahim ait
été obligé de rien diminuer du
Treſor ſecret, mais je puis bien
me perſuader qu'il ne l'a pas de
beaucoup accrû, parce qu'il n'a
pas eu la bonne conduite, ni la
bonne fortune d'Amurat, &
qu'ordinairement l'une ne ſert
de gueres ſans l'autre.

Tout l'or qui eſt enterré ſous
cette voûte, eſt dans des ſacs de
cuir, chacun de quinze mille
ducats, & c'eſt de ſa propre
main, que le Grand Seigneur
leur applique ſon cachet, qui
eſt le même dont ſe ſont ſervis
ſes Prédeceſſeurs, à la reſerve
du nom, qui doit être celui du

Prince regnant. Le Cachet d'Amurat portoit ces mots gravés : NASRUM MIN ALLAHI ALLAAL DIHIL MELEKIL MOURATH, ce qui signifie, *l'aide de Dieu est sur son serviteur l'Empereur Amurat.*

Voici donc de quelle maniere les sacs d'or entrent au Tresor secret. Tout l'or & l'argent qui entre dans le Serail, est porté d'abord à la Chambre du Tresor, & chacun est mis à part dans les coffres qu'on leur a destinés. Quand il y a de l'or assez pour aller à deux cens Kises, ce qui fait dixhuit millions de livres, le Grand Vizir en avertit aussitôt le Grand Seigneur, qui donne jour pour les aller faire transporter au Tresor secret. Le jour venu, le Grand Seigneur mené pardessous les bras

par le Chasnadar Bachi qui est
à la gauche, (la plus honorable
parmi les Turcs,) & par le Se-
ligdar Aga, qui est à la droite,
se rend à la Chambre du Tresor, où les soixante Pages destinés pour la garde du Tresor,
l'attendent rangés en haie d'un
côté à l'autre, les mains croisées
sur l'estomach. Le Grand Seigneur ayant traversé la Chambre, & s'étant fait ouvrir la premiere porte du Tresor secret,
precedé de plusieurs flambeaux
de cire blanche, les Pages le
suivant deux à deux jusques
sous la voûte, où l'on apporte
les sacs liés avec un cordon de
soie. On met sur le nœud, un
morceau de cire molle rouge,
où le Grand Seigneur applique
lui-même son Cacher, qui est
un anneau d'or, où sont gravés

G iiij

les mots que j'ai rapportés,
avec le nom du Prince qui regne, après quoi l'on met les sacs
dans les coffres, qui ont chacun
un double cadenas.

Avant que de sortir de la
voûte, le Chef du Tresor fait
d'ordinaire ce compliment à Sa
Hautesse : SEA DET LU PADI-
CHAIN EUMID DUR QUIBON
BENDELERIGNUS EUZRE
IHSNAN CHERUSGNUS ISHAR
IDESCI, c'est à dire, *Mon Empereur, nous esperons que vous ferez
paroitre votre liberalité envers vos
Esclaves.* Selon l'humeur où le
Grand Seigneur se trouve
alors, il ordonne qu'on distribuë à tous ceux qui l'ont ac-
compagé, vingt ou trente bour-
ses, chaque bourse est de cinquante écus.

La partie du Tresor qui cor-

respond sous les Appartemens
des Dames, fut commencée
par Selim Premier du nom, qui
fut aussi le premier qui mit en
usage de fondre tout l'or, & en
faire une grosse masse, qu'il
fit après rouler en terre par les
Muets, jusques dans ces caveaux, afin que personne n'en
eût connoissance. Depuis Amurat fit faire l'autre caveau dessous les Appartemens des hommes, où il faisoit mettre les
pieces d'or, il avoit accoûtumé
de l'ouvrir quatre fois l'année,
à chacune desquelles on y mettoit toujours plus de trois millions. Ce Tresor s'est augmenté
de telle sorte, qu'on y conserve
un nombre de richesses in-
croyables.

CHAPITRE IV.

Des Jardins, des Bibliotheques, &
de l'Apoticairerie.

APrès avoir traversé ces Appartemens, on entre dans des Jardins tout à fait délicieux, qui sont contigus à une autre muraille, attenant laquelle sont trente Pavillons & Cabinets, qui sont entre la muraille de ces Jardins, & celle qui va à la mer. Il y a plusieurs Bâtimens artificieusement travaillés, mais un entre autres de forme de six faces, soutenu sur six grosses colonnes, au milieu desquelles il y a plusieurs tables de crystal de montagne, si artificieusement entrelacées, qu'il semble qu'elles soient toutes d'une piece. Le haut de ce Bâ-

timent ſe termine en dôme,
dont la lanterne eſt couverte
de plomb, & le plancher eſt
tout marqueté d'argent doré
façonné ; les colomnes de cette
lanterne, ſont toutes de cryſtal
de montagne travaillé, & le
reſte du couvert de cet édifice,
eſt de pierres de corail, ſi parfaitement jointes enſemble,
qu'à la lueur du Soleil, il paroît
ſi tranſparent, qu'il éblouit la
vûë ; du haut de ces ſuperbes
Bâtimens, on voit tous les Jardins de part & d'autre. A droite, c'eſt à dire à la ſuite des Appartemens des Dames, eſt le
Treſor des armes, des enharnachemens de Chevaux, tous
enrichis de joyaux & pierres
précieuſes d'un prix ineſtimable ; il y a encore un autre lieu
ſemblable, derriere les Appar-

temens des Pages qu'on inf-
truit, fuivant ce que j'ai rapporté ci-deffus.

Du côté gauche, où le Grand
Seigneur eft fervi par les hommes, il y a deux grandes Biblio-
theques, fçavoir, une commune, derriere les logemens des
Gentilshommes de la Cham-
bre & des Pages, qui l'ont en
garde; & l'autre fecrette, plus
audedans, qui eft jointe à l'Appartement du Grand Seigneur,
& qui eft la plus fameufe. Mais
il y a toujours dans fa Chambre
de part & d'autre, deux Armoires avec de petites portes
de cryftal, dans lefquelles il y
a en tout temps deux douzai-
nes de Livres d'Hiftoire, parce
qu'il aime beaucoup la lecture,
& qu'il s'y adonne infiniment:
ces Armoires font baffes, en

forte qu'étant assis à la Turque,
on voit les Livres par la tranf-
parence du cryftal, & de cette
façon le Grand Seigneur les
peut prendre commodément,
& s'en fervir quand bon lui
femble.

Audeffus de ces Armoires, il
y en a une autre petite qui eft
ouverte, qui fert à mettre tous
les Mercredis matin trois bour-
fes pleines, l'une de pieces d'or,
& les autres d'argent, le tout
de monnoie neuve, dont le
Grand Seigneur fe fert pour
donner aux Bouffons & aux
Muets, & furtout pour faire des
aumônes.

Dans la Bibliotheque qui eft
derriere les Appartemens des
Pages, il y a des Livres fort curieux de toutes fortes de Lan-
gues, écrits à la main, & parti-

culierement cent vingt volu-
mes de Conſtantin le Grand,
chacun long de deux braſſes,
& environ large de trois paul-
mes ; ils ſont faits d'un parche-
min ſi délié, qu'il ſemble de la
ſoie ; ils contiennent le Vieux
& le Nouveau Teſtament, &
autres Hiſtoires & Vies des
Saints ; ils ſont écrits en Lettres
d'or, & couverts d'argent doré,
avec des pierres précieuſes
d'un prix ineſtimable. Il eſt ex-
preſſément défendu à qui que
ce ſoit d'y toucher.

L'Apoticairerie eſt une choſe
curieuſe à voir ; le Bâtiment eſt
d'une grandeur & d'une longueur extraordinaire ; il y a
trente vaſes de chaque ſorte
de liqueurs, Syrops, Electuaires,
Huiles, Onguens, & Eaux : la
conduite en eſt commiſe à dix-

huit Maîtres, & quatre Chefs
appellés Prieurs, qui y ont tout
pouvoir ; ils ont sous leur commandement trois cens jeunes
Garçons, employés au service
de l'Apoticairerie : dont une
partie est envoyée en differens
temps de l'année, à la recher-
che des Simples.

On y fait aussi le breuvage
dont les Turcs boivent au lieu
de vin, qui leur est défendu,
comme je l'ai dit ailleurs. Il est
composé de jus de Citron, avec
du sucre fin ; on fait venir cette
liqueur, de l'Isle & du Royaume de Candie, & on la trans-
porte dans des Bouteilles que
l'on charge sur des Vaisseaux
du Grand Seigneur, qui sont
envoyés exprès pour ces sortes
de choses. Celui que l'on fait
pour la bouche du Grand Sei-

gneur, eſt ſeulement compoſé
de jus de Citron de la Canée,
qui eſt auſſi une Ville de Candie, mais les Citrons y ont un
goût beaucoup plus exquis
qu'ailleurs. On fait ce breuvage d'année en année, & on le
conſerve dans de grands vaſes
de Porcelaine faits exprès, d'où
on le verſe dans de grandes
taſſes d'argent, de verre, ou de
cryſtal, parce qu'étant fait en
forme d'Electuaire, quand il eſt
détrempé avec de l'eau, il devient clair, & paroît comme ſi
c'étoit du vin même.

Le Serail conſomme une
grande quantité de ce breuvage, parce que l'on en donne
aux Baſſas & autres Officiers
qui y logent, excepté aux domeſtiques, à qui on donne en
échange du vinaigre détrempé.

A

A main droite de l'Apoti-
cairerie, il y a quatre grandes
galleries, pleines de diverses
Drogues, & à la gauche, il y
en a deux autres, où l'on fait
les distillations.

CHAPITRE V.

Des Mosquées du Serail, des Repas du Grand Seigneur, des Cuisines, &c.

DAns l'enclos du Serail,
il y a deux Mosquées,
l'une du côté des hommes, &
l'autre de celui des femmes, &
comme ils ne se servent point
de cloches, ils ont diverses
horloges qui font voir les heures, & en cas qu'elles viennent
à se deregler, les Pages sont
instruits pour les remettre en
ordre. Dans toutes les Cham-

bres du Grand Seigneur, il y en
a de poudre, enchaſſees dans
des boëtes de grande valeur ; il
y en a pluſieurs grandes qui durent tout le jour, & qui mar-
quent les quarts d'heures, les
demies heures, & les heures
entieres, ſans les retourner de
la journée.

La Table du Grand Seigneur
eſt d'une piece d'argent en forme ronde, avec un rebord de
deux doigts en hauteur tout à
l'entour : on la met ſur un eſca-
beau auſſi d'argent, & tout autour des ſerviettes tres fines,
n'y ayant rien ſur le reſte, qui
demeure découvert ; elle eſt
faite à viſſe, en ſorte qu'on la
tourne pour faire trouver devant lui le plat qui lui agrée davantage, ſans que perſonne y
touche. Deux fois l'année, c'eſt

à dire aux principales Fêtes, on
se sert d'une autre Table qui
est toute d'or, avec des enri-
chissemens de pierres précieuses.

On lui sert dans des plats de
Porcelaine tres fine, trente
plats de chaque sorte de mets,
desquels on ne met sur sa table
qu'un plat de chacun, le
Grand Seigneur ayant accou-
tumé d'ordonner de porter les
vingt-neuf autres, aux Dames
Sultanes qui ont eu commerce
avec lui, & quelquefois aussi,
il fait signe d'en faire part aux
Bouffons, aux Muets, & à celui de ses Medecins qu'il affec-
tionne davantage.

Son pain est fait de fleur de
farine mouluë deux fois, que
l'on cueille en un champ particulier de la Natolie, près la

Ville de Burisse : ce grain est
gros, mais extremement blanc,
& la farine qui en sort est tres
fine ; elle est reservée avec un
tres grand soin, pour la bouche
de Sa Hautesse. Tous les jours
on en fait vingt pains de quatre
livres chacuns, paitris avec du
lait de Chévres, que l'on nourrit exprès pour ce sujet dans le
Bois du Serail ; mais l'on ne
donne de ce pain, qu'à ceux qui
sont favorisés du Grand Seigneur, comme au Premier Vizir, aux Agallaris, qui sont les
Gentilshommes de la Cham-
bre secrette, & à celui de ses
Medecins qu'il considere le
plus.

Il y a dans le Serail neuf Cuisines, les unes pour les Officiers
de Sa Hautesse, & les autres
pour lui & pour ses Dames Sul-

tanes ; sçavoir , deux pour la
propre personne du Grand Seigneur , qui sont toujours pour-
vûës de viandes cuites , surtout de tourtes tres excellen-
tes , & de plusieurs autres ga-
lanteries , afin que lorsque Sa
Hautesse demeure le jour à se
divertir avec ses Dames , il ait
de quoi faire collation , à quelque heure que bon lui semble.

Il y a cinq autres Cuisines
pour la famille du Grand Seigneur , & pour les Dames Sultanes , outre que chacune de
ces Dames en a une particuliere
pour sa commodité , dans son
Appartement. Les Bouchers
sont obligés de fournir journellement dans toutes ces Cuisines , cent Moutons ; les Poulaillers , huit cens Poulets ; les
Chasseurs , deux cens Oiseaux

de diverses especes, selon les saisons, parce que l'on ne mange point dans le Serail, de la viande commune.

Ceux qui ont bouche en Cour dans le Serail, sont ordinairement au nombre de trois mille quatre cens, dont il y a plus de huit cens Dames, & au moins autant d'Eunuques.

Il y a autour de la muraille qui descend à la mer, quatre logemens, où sont logés des Officiers de la Chambre de Sa Hautesse : l'on appelle ces logemens en Turc, CLOISTRES, ce qui signifie Galleries. Le Grand Seigneur a des Appartemens particuliers dans ces Bâtimens, où il va souvent pour voir la mer, & se divertir. Sous le Regne de l'Empereur Amurat, un Bassa de sa Cour nommé SINAN, en fit bâtir un à ſes dépens, qui coûta près de cent cinquante mille ſequins, dont il fit preſent à Sa Hauteſſe.

Les Ecuries particulieres pour les Chevaux de main du Grand Seigneur, ſont du côté droit du Serail ; on n'y met que des Chevaux d'un prix extraordinaire : outre celles-là, il y en a douze autres, qui ſont toutes le long du rivage du Canal.

Aux environs de la Ville, ſur le bord de la mer, il y a dixhuit Jardins appartenans au Grand Seigneur, tous differens de ceux du Serail, & qui ſont d'une tres vaſte étenduë, le plus éloigné ayant dixſept à dixhuit milles de tour.

CHAPITRE VI.

De l'Arsenal, des Officiers du Serail, & de la Porte Ottomane.

LA chose qui m'a paru la plus remarquable, & qui merite davantage notre attention, dans Constantinople, c'est l'Arsenal, qui passe pour une merveille. Il y a sur le bord de la mer, cent quatre-vingt grandes voûtes faites en forme de Portes, d'une telle hauteur, que non seulement une Galere y peut passer, mais même deux de front, & il y en peut demeurer deux à couvert. Au milieu sont les demeures des Officiers & autres gens qui y sont employés, le Bain des Esclaves, & le lieu où, la nuit, on les renferme

ferme à clef ; ils font toujours au moins quatre mille, employés pour le fervice du Serail & de l'Arfenal, fans ceux qui font dans les Galeres, dedans & dehors la Ville. Sous le Regne d'Amurat, ils étoient plus de trente-deux mille.

Le nombre des gens employés au Service dans l'Arfenal, foit Capitaines, Caporaux, Soldats, Maîtrifes, & Gardiens, monte à trente-fix mille, dont une grande partie font Chrétiens renegats, ou leurs defcendans.

Les Janiffaires, font à prefent au nombre de trente-fix mille, répandus dans toute la Ville.

Les Chevaux Legérs, appellés S P A Y S, font au moins quarante-quatre mille.

Les Hommes de Corselets, nommés GEBEYS, qui travaillent à faire des Armes pour le service des gens du Serail, & sont obligés de les tenir toujours nettes, sont toujours au nombre de quatorze mille.

Les TUFFECHIS, qui veut dire Arquebusiers, & sont maîtres instruits à travailler aux Arquebuses, sont aussi toujours fixés à sept mille.

Les Bombardiers ou Canoniers, nommés TOPPEYS, sont huit mille, dont la plus grande partie sont passés Maîtres : il n'appartient qu'à eux de fondre l'Artillerie, ce qu'ils font en un endroit qu'on leur a assigné, un peu audelà de Pera, & qui s'appelle TOFANA, qui veut dire Artillerie, où il y a une très grande place toute

pleine de divers Canons, que
les Turcs ont gagnés dans differens combats sur les Chrétiens.

Les CAPIGYS, ou Portiers
du Serail, sont deux mille, qui
outre l'office de la porte, sont
encore les Ministres de Justice,
& ceux mêmes qui font mourir
ceux qui ont été condamnés à
mort ; ils ont sous eux des valets, qu'ils employent pour faire
les fonctions ordinaires, mais
lorsqu'il s'agit de faire mourir
quelque Personne de consideration, soit dehors, ou dedans
la Ville, ils y vont eux-mêmes :
ce sont eux aussi qu'on envoye,
lorsqu'il s'agit de déposseder un
Bassa, ou quelque autre Personne de condition, de sa Dignité, ou de son Office, ce qui
se fait ainsi : par exemple, au

Grand Vizir, ils lui ôtent des mains, le Sceau du Grand Seigneur, après le lui avoir demandé, & ensuite ils lui font un signe au sortir de la chambre, dont ils ferment la porte à moitié audevant de lui. C'est de cette maniere qu'on leur ôte leurs Offices.

Les SOLACHIS, qui sont une espéce de Palfreniers, qui vont après Sa Hautesse, sont au nombre de deux mille, & ont pour armes un Arc & des fléches.

Les CHIAOUX, sont des Ambassadeurs que l'on envoye en differens endroits, & qui sont aussi employés dans la Ville; ils se tiennent à la porte du Serail, pour être prêts à porter des Ambassades importantes de Dignités d'Offices;

ils font environ quatre mille.
Cette Charge produit un
grand profit, parce que pour
chaque commiſſion qui leur
eſt donnée pour porter une
Dignité d'Office, ils reçoivent un certain droit, outre les
prefens qu'on leur fait : on ſçait
à quoi cela doit aller, par un
Tarif particulier que l'on en a
dreſſé. Leurs expeditions font
premierement délivrées par Sa
Hauteſſe, tantôt à l'un, tantôt
à l'autre de ſes Valets de Chambre, felon ſa fantaiſie, qui les
remettent enfuite és mains de
ces Chiaoux, qui demeurent
pour ce fujet à la porte, &
payent à ces Valets de Chambre, l'argent porté par le Tarif,
pour la commiſſion. Cet ordre
a été établi par le Grand Seigneur, afin que ces Valets de

Chambre, s'enrichissant par ce moyen, ils puissent faire une honorable dépense, quand ils sont envoyés hors du Serail, pour occuper quelques grandes Charges : il y a certaines de ces commissions, qui leur produisent trois & quatre mille Sultanins, & aucune n'en rend moins de deux ou trois cens.

Il y a une autre espece de Palfreniers, plus considerables que sont ceux qui sont hors du Serail, & dont quatre vont toujours après la Personne du Grand Seigneur, ayant un Bonnet en tête, tout d'étoffe d'or ; ils reçoivent toutes les Requêtes que l'on presente à Sa Hautesse, on les appelle P E I C H S, ils sont environ quatre cens.

Les S A L A N G I L E R S, qui signifie Valets d'Office, font au nombre de cent cinquante ; ils portent les viandes jufques à la Chambre fecrette du Grand Seigneur, où fe trouvent les Pages qui les prennent de leurs mains, pour les mettre fur table.

Les AGIANGULARS, qui fignifie Valets d'Ecurie, font environ trois mille, y compris les Ecuyers qui apprennent à faire le manége aux Chevaux, & les Gouverneurs des Ecuries.

Les GIUSCHYS, qui veut dire les Orfévres, & les GIOERDARS, qui fignifie les Jouailliers, demeurent en un grand enclos feparé, & font plus de cinq cens, tant Maîtres que Garçons, qui travaillent en ouvrages d'or & d'argent, pour le fervice du Serail ; ils font aux

gages du Grand Seigneur, &
ont un Chef, qui eſt obligé de
tenir Maiſon ouverte dans la
Ville.

Les B U S T A N G I L E R S, qui
veut dire gens de travail, ſervent aux Jardins, & ſont environ trois mille.

Les B E L T A G Y S, qui ſignifie Fendeurs de bois, & qui,
outre le travail commun du
Serail, ſont employés aux ſer-
vices publics dans la Ville, ſont
environ huit mille.

Les T H E S F I L E R S, qui veut
dire les Tailleurs du Grand
Seigneur, & des Officiers du
Serail, demeurent tous en un
lieu, qui étoit autrefois de la
Fabrique de l'ancienne Cha-
noinie de ſainte Sophie, ſont au
nombre de deux mille cinq
cens.

Les PASMAGYS, c'est à
dire les Poulaillers du Serail,
sont au moins deux mille.

CHAPITRE VII.

*De la Monnoie, & du Fermier de
la Monnoie; de la Pointe du
Serail; de la Tour de la Vierge;
des Magasins de Pera, &c.*

LA ZECQUE, ou plutôt
la Monnoie, est au milieu
de la Ville; l'on y fabrique journellement plusieurs especes
d'or & d'argent. Personne ne
peut la prendre à Ferme, qu'un
Grec de naissance; c'est un Privilege particulier qui leur est
accordé, parce que dans le Do-
maine de la Grece, il y a nombre de mines d'or & d'argent:
le prix ordinaire de la Ferme,
est de dix sept charges d'or. Il y

a quatre cens hommes qui y
font journellement occupés. Le
Fermier doit avoir foin, que
les Monnoies qui font dans le
Public, foient de bon aloi &
non rognées : il a le pouvoir de
faire punir les criminels ; la
moitié des confifcations lui appartient, & l'autre moitié à la
Chambre.

Le Fermier eft obligé de li-
vrer tous les premiers jours de
chaque mois, au Gouverneur
du Serail, deux mille fequins
d'or, & deux mille d'argent
tous frais fabriqués, parce que
dans le Serail, on ne fe fert que
de Monnoie nouvellement
frapée.

Il a auffi le pouvoir de faire
publier quand il lui plaît, que
tous ceux qui ont des Monnoies d'argent étrangeres,

ayent à les porter à la Zecque
dans trois jours, sous peine
de confiscation. Il les prend, &
les paye suivant la juste valeur,
& les fait ensuite convertir en
Monnoie courante, au titre de
Sa Hautesse ; il en peut faire de
même des Monnoies rognées,
qu'il reçoit au poids, & les paye
suivant leur juste valeur : il a
aussi le pouvoir de tirer tout
l'or & l'argent des mines. Il
met en place ceux qui y sont
employés, & ils ne s'y main-
tiennent, qu'autant qu'ils lui
sont agréables. Son pouvoir est
des plus vastes, & s'étend partout l'Empire Ottoman.

Le Grand Seigneur possede
deux mines d'or ; la principale
est sous le Mont-Saint, dans la
Macedoine, près de la Ville que
l'on appelle Cydrocaps; & l'au-

tre, aux confins de la Hongrie,
audessus de la Bulgarie.

Il y a aussi trois mines d'argent sous sa domination, toutes
tres bonnes & tres abondantes,
qui dépendent de la Zecque de
Constantinople.

La pointe de la muraille du
Serail, qui entre dans la mer,
resiste à l'impetuosité de deux
gros torrens; l'un du grand
Canal, qui vient de la mer Majeure; & l'autre, du Canal
étroit, qui est entre Constantinople & Pera: tous les deux se
joignent avec violence au bout
de cette pointe; ce qui fait que
les Vaisseaux courent un grand
risque en la passant : mais le
Bostangi Bassi, qui est le Chef
des Jardiniers, est obligé, au
signal que l'on fait en tirant une
machine qui est mise exprès

aux murs, de faire donner ſecours aux R A I S , (qui ſignifie Patron de la Barque) qui arrive, ce qu'il fait par le moyen
de gros cordages & de gros ca-
bles, à force deſquels on tire le
Navire hors du cours impe-
tueux de ces eaux; ce ſecours
eſt ſurtout abſolument neceſ-
ſaire, lorſqu'il y a une tour-
mente ſur mer, ou bien une
bonnace generale de vents. Les
Boſtangis reçoivent pour re-
connoiſſance de leurs peines,
ce que le Rais veut bien leur
donner.

A demi mille de la pointe du
Serail, en avançant en mer,
dans l'endroit où elle eſt la plus
profonde, il y a une petite Iſle,
ou plutôt un écueil, ſur lequel
on a bâti une tour ronde avec

trois logemens au bas; elle se nomme CHISCULATI, qui signifie la Tour de la Vierge.

On dit que la fille d'un ancien Empereur, la fit bâtir, y passa sa vie, & y mourut Vierge. Il y a quelques Soldats pour la garder, qui y sont habitués; elle est défenduë de trois Pieces d'Artillerie.

Au milieu de cette tour, il y a une cîterne d'eau douce tres bonne, qui en Eté, est froide comme de la glace, avec un seul Olivier qui est des plus magnifiques; & comme la mer est extremement haute aux environs, on y vient noyer ceux que le Grand Seigneur a condamné à ce supplice.

Il y a dans Constantinople, & surtout aux environs de Pera,

plufieurs grands Magafins, propres à renfermer du bled & du
froment, dont les portes font
de fer, & le couvert de plomb;
les Turcs ont nommé ces Magafins A M B A R, ils renferment
des provifions pour plufieurs
années, que l'on change tous
les trois ans.

Le Magafin de Pera, qui
eft le plus grand de tous, eft
rempli de Millet. Sous le Regne d'Amurat, il s'y en trouva
qui après y avoir demeuré
quatre-vingt ans, étoit encore
tres bon; neanmoins, pour plufieurs bonnes raifons, il ordon-
na qu'on le changeât.

Il y a auffi plufieurs Magafins
à Poudre, foit à Conftantinople, foit à Pera, qui font faits
comme des tours, & la Pou-

dre qui eſt dedans, eſt toute
faite au Caire. On la tire de
là, parce qu'il y a plus de Sal-
pêtre qu'en aucun autre lieu
de la dépendance du Grand
Seigneur.

NOUVELLE

NOUVELLE DESCRIPTION DE LA VILLE DE CONSTANTINOPLE.

LIVRE TROISIEME.

CHAPITRE PREMIER.

Du Grand Seigneur, & de la maniere dont il se fait voir en Public sur Terre.

A PRES avoir parlé de tout ce qui regarde la Ville de Constantinople, il est à propos de rapporter la maniere de vivre du Grand Seigneur, &

K

toutes les ceremonies qui regardent sa Personne. Le Grand Seigneur, ou le Sultan, fait sa demeure ordinaire dans le Serail : il a coûtume d'en sortir souvent, pour aller à la promenade, ou sur terre, ou sur mer.

Quand il sort pour aller à la promenade sur terre, il marche simplement avec un petit Turban blanc sur sa tête, comme il le porte ordinairement dans sa Chambre, & n'a pour tout habillement, qu'une Robe fort simple : il n'a à sa suite, que tres peu de personnes, & n'est accompagné d'ordinaire, que de ceux de ses Gentilshommes qu'il aime davantage, quelques Eunuques, & le Capitaine de la Garde du Serail, tres peu de Palfreniers, & quelques Pages.

Le Capitaine de la Justice,

appellé S e i b a s s i, va devant
lui, accompagné de cinquante
Soldats, pour faire tenir les
ruës nettes, détourner tout ce
qui peut empêcher le paſſage,
& lui faire rendre l'honneur qui
lui eſt dû.

Pendant qu'il paſſe, tout le
Peuple met un genouil en terre, juſques à ce qu'il ſoit à quelques pas ; il y en a même, qui
par dévotion, baiſent la terre
ſur laquelle a marché ſon Cheval ; quelques autres, pour
preuve du reſpect & du zele
qu'ils portent naturellement à
leur Prince, ſe coupent une
veine du bras, d'où ils laiſſent
ſortir le ſang comme d'une fontaine, & d'autres ſe brûlent la
peau avec un fer chaud. Ces
zelés ont coûtume de ſe placer
ſur des lieux éminents, afin

qu'ils puiſſent être remarqués
du Grand Seigneur, qui leur
fait donner l'aumône. Le Maître de ſon Ecurie, avec le Capitaine des Pages, celui des
Capigys, celui des Palfréniers,
appellés GIAIABASSIS, & celui
des Chiaoux, avec quelques
autres Officiers, marchent devant lui à Cheval; ils ſont ſui-
vis de quarante-trois CAPIGYS,
quelques SOLACHS, & quel-
ques PEICHS.

Devant & à côté de ſon Cheval, marchent à pied quatre
Officiers des Capigys, huit des
Solachs, & quatre des Peichs:
les Solachs ſont d'une grandeur
ſi prodigieuſe, qu'ils atteignent
aux oreilles du Grand Seigneur, encore qu'il ſoit à Cheval, & eux, comme je l'ai dit, à
pied. C'eſt eux qui reçoivent

les Memoires & les Requêtes
que le Peuple presente à Sa
Hautesse; d'eux d'entre eux
sont precisément aux deux côtés du Grand Seigneur, & portent chacun dans une bourse de
brocard, une petite bouteille
d'or, enrichie de pierres précieuses, qui est pleine d'une eau
distilée, dont il a coûtume de
boire entre les repas, & quand
l'envie lui prend.

Tous les Solachs ordinaires,
portent l'Arc & le Carquois,
quand ils accompagnent le
Grand Seigneur; & les Peichs,
un Bonnet d'une seule piece
d'étoffe d'or.

A la suite de sa Hautesse, marchent les Nains, les Eunuques,
quelques Gentilshommes de la
Chambre du Sultan, & autres
Officiers qui logent au Serail,

dont le nombre n'excede pas trois cens , lorfqu'ils fortent avec lui.

CHAPITRE II.

Promenade , & Suite du Grand Seigneur , fur Mer.

QUand il va par mer , il monte fur une petite Galere , grande comme une Galiote, de fix bancs, à trois perfonnes par rames , qui ont tous le bonnet d'écarlatte en tête, ils font vêtus d'une cami-folle comme les Matelots , & ont des chauffes blanches ; ils obéiffent au Boftangi Baffi, ou grand Jardinier , qui régit le gouvernail, & a fa place mar-quée derriere les épaules du Grand Seigneur , ce qui lui fournit fouvent occafion de l'entretenir d'Affaires tres importantes, d'autant plus facilement, qu'ils font souvent feuls fur la Poupe. Les chambres de la Galere font tapiffées dedans & dehors, avec des tapis de la Ville de Burfe, qui font fabriqués moitié foie & moitié or, fur lefquels il y a des couffins où fe couche le Grand Seigneur, pour être plus à fon aife : ces differentes occafions où fe trouve le Boftangi Baffi, de rendre fervice, ou de faire de la peine à qui bon lui femble, en prévenant l'efprit de Sa Hauteffe, le font beaucoup craindre & refpecter dans la Cour de Turquie.

Quatre Caïques ou petites Barques, vont devant le Bateau où eft le Sultan, pour empêcher tous autres Bâtimens ou

Vaisseaux, d'entrer dans le Canal par où doit passer le Grand Seigneur, jusques à ce qu'il ait fini sa promenade.

Quand il sort en pompe, & pour faire voir sa magnificence, il est accompagné de quinze mille hommes à Cheval, tous armés de pied en cap de toutes sortes d'armes complettes, & traverse de cette maniere, la Ville d'un bout à l'autre, jusques à la Porte qui va à Andrinople, pour aller à une Maison de plaisir qui est à une lieuë de la Ville.

L'on a vû autrefois cette Cavalcade, monter jusques à cent cinquante mille hommes, sur les ordres que l'on avoit donné seulement le jour precedent : cela arriva sous l'Empereur Amurat, dont j'ai déja parlé

en

en plusieurs endroits, quand il
se prépara à faire la guerre aux
Perses, sur qui il conquit douze
Provinces, afin que l'Ambassadeur, qui pour lors étoit à
Constantinople, en conçût de
l'étonnement & de la frayeur :
pour cet effet, il lui fit dire par
un Bassa le même jour, que ce
qu'il avoit veu de Cavalerie, n'é-
toit que les Poules qui reposoient au
Poulailler, & qu'il jugeât par là,
combien le reste de son Empire en
pourroit fournir, puisqu'à l'impour-
vu, Constantinople en fournissoit
une si grande quantité ; c'est pourquoi il lui ordonnoit de se retirer
dans trois jours des Terres de Constantinople, & d'aller attendre dans
le fond de la Perse, ses Esclaves
qui l'iroient visiter, & faire la
guerre à son Maître ; ce qui arriva
bientôt après, avec tout le suc-
cès possible.			L

CHAPITRE III.

*De la vie particuliere du Grand
Seigneur dans le Serail.*

LE Grand Seigneur mene
une vie tres retirée, &
son Serail est, pour ainsi dire,
une espece de Convent, puisqu'il employe toutes les heures
du jour, à une occupation particuliere, à laquelle il ne manque pas d'un seul instant, Il se
leve avec l'Aurore, & fait ses
Prieres qui durent une demie
heure ; il écrit après pendant
la demie heure suivante; on lui
porte ensuite à déjeûner, après
quoi il employe environ une
heure à la lecture, & si c'est un
des jours marqués pour l'Audience des Juges du Divan, il
se rend dans l'endroit où il a

coûtume de les recevoir ; &
l'Audience finie, il se va reposer une heure à l'ombre dans
les Jardins, où il se plaît infiniment, à cause des diverses fleurs
dont ils sont ornés, des belles
eaux, des fontaines, & des caf-
cades qui y font un merveilleux
effet, & ensuite une prodigieuse quantité d'animaux privés,
de toutes les espèces & de tous
les Pays du monde. Il s'y fait
ordinairement accompagner
par quelques Nains, & quel-
Bouffons qui le réjouissent, au
sortir de là il se remet de nouveau à la lecture, jusques à ce
que l'heure de son manger soit
arrivée.

Quand on a preparé la table,
de la maniere que je l'ai rapporté ci-dessus, & après qu'il s'est
lavé les mains dans un bassin

132

d'or, qui pour cet effet demeure toujours à un des coins de
sa Chambre, avec un vase plein
d'eau, il se met seul à table, où
il demeure un peu plus de demie heure. Les viandes qu'il a
coûtume de manger, sont toujours bouillies, & on les fait
cuire de façon, qu'elles sont
tres facile à digerer; il ne boit
pas fort souvent, & quelquefois il se contente d'un seul
coup à la fin du repas, que l'on
lui sert dans une fort grande
tasse toute pleine du breuvage
preparé, dont j'ai ci-devant
parlé.

CHAPITRE IV.

Comment il visite les Dames du Serail, & les ceremonies des nouvelles Sultanes ; Des Enfans de Sa Hautesse.

APrès le dîner, il va faire sa Priere du midi, ensuite de quoi il a coûtume d'aller passer le temps, & prendre quelque plaisir auprès de ses Favorites dans l'Appartement des Dames, qu'il fait auparavant avertir par un Eunuque noir, qu'il choisit parmi ceux à qui la garde de la porte des Dames est confiée. Il porte les ordres de Sa Hautesse, à la CHIACHADUN, qui signifie en François, la Gouvernante des Dames, qui aussitôt leur en donne avis. Elles se parent sur

le champ les unes à l'envi des
autres, & choisissent les ajuste-
mens qu'ils croyent qui leur
conviennent le mieux, & qui
seront les plus agréables à Sa
Hautesse.

Quand elles sont ajustées,
elles sortent de leurs chambres,
& se rendent dans une longue
Gallerie par où il doit passer,
où elles demeurent jusques à ce
qu'il arrive ; en attendant ce
bienheureux moment, elles
s'occupent, les unes à jouer de
quelque instrument à la mode
des Turcs, les autres à coudre,
d'autres à faire diverses autres
choses, suivant leur fantaisie.

Enfin aussitôt qu'il paroît,
elles se levent & se tiennent debout, rangées les unes d'un côté, les autres de l'autre en égale
distance, en sorte que la seule

vûë de cet Apppartement, eſt
tres agréable. La Gouvernante
va recevoir Sa Hauteſſe à la
Porte, & lui fait une tres profonde reverence ; il la reçoit
avec un viſage joyeux, pour lui
témoigner qu'il a du contente-
ment des ſoins qu'elle ſe donne:
elle ſe place après derriere lui,
& il entre en paſſant au milieu
de ſes Dames, qui le ſaluent
deux à deux, ſuivant ce qui
leur a été enſeigné par leur
Maîtreſſe : chemin faiſant, il
careſſe & cajolle tantôt l'une,
tantôt l'autre, & il recommen-
ce pluſieurs fois le tour de cette Gallerie, juſques à ce qu'enfin il en ait trouvé une à ſon gré,
& qui lui plaiſe plus que les autres, à qui en ſe retirant, & paſſant pour la derniere fois, il
jette dans le ſein un mouchoir

qu'il tient pour cet effet preparé en fa main, & qu'elle reçoit d'une maniere tres refpec-
tueufe, & après l'avoir baifé,
elle le remet au même endroit ;
ce figne eft un avertiffement
que la nuit fuivante elle doit
coucher avec Sa Hauteffe, qui
fe retire auffitôt avec la Gouvernante, qui l'accompagne
jufques à la porte de l'Appartement des Dames, par où il retourne au fien, ou s'en va où bon
lui femble, quelquefois lire
dans fes Jardins, ou bien s'y divertir & paffer le temps avec fes
Bouffons, jufques à ce que les
étoiles commencent à paroître, qu'il fait fa priere, & enfuite fe met à table pour fouper,
à quoi il employe plus de temps
qu'à dîner, puifqu'il le fait quelquefois durer jufques à deux

heures de nuit : au sortir de table il fait sa derniere Priere, qui dure une tres petite demie heure. Il observe exactement cette maniere de vivre.

Pour revenir aux Dames, après que le Grand Seigneur est sorti, elles s'empressent de témoigner une parfaite joie, & d'embrasser celle qui a reçu le mouchoir, mais entre autres, celles qui ont été élevées avec elle, ou dont les interêts sont joints par l'amitié qu'elles se portent, lui rendent plusieurs honneurs, & lui font des caresses toutes particulieres, lui disant qu'elles s'estiment tres heureuses de l'avoir euë pour compagne, & qu'elles ont tant de confiance dans sa parfaite amitié, qu'elles en esperent toutes les graces qui dépendront d'elle. Lorsque la Gouvernante de ses Filles est de retour, elle fait à son tour mille caresses à cette nouvelle Favorite, qu'elle conduit dans son Appartement, où l'on a preparé deux Bains d'eau de senteur ; elle-même la deshabille, & l'aide à se mettre dans le Bain, & pendant qu'elle y est, elle fait parfumer ses habits de diverses odeurs ; quand elle a pris le bain assez longtemps, elle l'en fait sortir, lui remet ses habits, & n'oublie rien pour la parer le mieux qu'il lui est possible, afin qu'elle en soit plus agréable à Sa Hautesse : elle l'instruit aussi de la maniere dont elle doit se conduire la nuit auprès de lui, pour lui donner une satisfaction entiere, lui representant l'honneur & la gloire qui lui en

doit revenir, & après l'avoir
fait souper en grande pompe,
elle la fait reposer jusques à
l'heure qu'il est à propos de la
conduire dans la Chambre secrette de Sa Hautesse, qui est,
ainsi que je l'ai dit ci-dessus,
dans le même appartement des
Dames. Quand elle y est, elle
la deshabille, & la met dans le
lit du Grand Seigneur, à qui
elle fait donner avis par un Eunuque, que sa Fille est couchée;
aussitôt il la vient trouver.

Il y a aux quatre coins de
l'Antichambre de cet Appartement, quatre flambeaux de dix
livre chacun, qui brûlent toute
la nuit; il y a aussi trois vieilles
qui y demeurent toute la nuit,
pour faire la garde après que
Sa Hautesse est couchée; l'une
des trois est en dedans de la

porte de la Chambre ; la seconde est hors la porte dans l'Antichambre ; & la troisiéme à la premiere porte de l'Antichambre ; elles y sont dans un si profond silence, & un si grand respect, qu'on ne croiroit pas qu'il y eût quelqu'un ; elles sont trois heures entieres en sentinelle de cette maniere-là, après quoi on les change, & l'on y en met trois autres qui y restent jusques au jour. Cela se pratique ainsi, afin que s'il arrivoit quelque chose à Sa Hautesse, la garde des Eunuques, qui est à la porte en dehors, en pût être aussitôt avertie.

Le jour venu, le Grand Seigneur se leve, & va dans son Appartement, après quoi la Dame se leve aussi, & ne retourne plus avec les autres,

mais dans un Appartement separé, & preparé exprès pour
elle, depuis elle porte le nom de
Sultane, & de ce jour même,
elle est mise au nombre des
Dames qui reçoivent une Pen-
sion de deux charges de Monnoies par an. On lui donne ce
jour là quatre Esclaves blanches, pour la servir en qualité
de femmes de chambre, deux
autres pour faire sa cuisine, un
Eunuque, & un present de trois
mille sequins dans une bourse.

Si le Grand Seigneur est assez
amoureux de cette nouvelle
Sultane, pour retourner la voir,
& l'honorer de ses faveurs une
seconde fois, le lendemain son
Domestique est augmenté de
deux autres femmes de chambre, un autre Eunuque, &
quatre autres charges d'en-

trée, avec une nouvelle bourse
de trois mille sequins, & on
l'honore du Titre de Reine.

Si pour la troisiéme fois il
vient à la connoître, alors elle
est assurément Reine, & on lui
envoye la Couronne de pierres
précieuses, on lui accroît son
Domestique jusques à seize
femmes, & on lui augmente ses
logemens & les entrées, jusques à seize charges de monnoie; & on met dans son Antichambre, le Sceptre du Grand
Seigneur.

Si quelqu'une des Dames
Sultanes devient grosse, & fait
un enfant mâle, alors on lui envoye une bourse de cinq mille
sequins; on lui donne une
Nourrice, & on augmente ses
gages ou entrées, tant que le
Grand Seigneur le veut. Si ce

n'eſt qu'une Fille, on lui envoye trois mille ſequins ſeulement, une Nourrice, & rien
autre choſe.

Malgré les avantages que l'on
fait aux Sultanes, qui accou-
chent d'un Garçon, elles deſi-
rent pourtant davantage les
Filles, (excepté quand c'eſt un
premier Garçon,) parce qu'elles ſçavent bien que le Grand
Seigneur mort, celui de ſes Fils
qui lui ſuccede, fait mourir
tous ſes freres; au lieu que les
Filles ſont mariées à quelques
Puiſſans Baſſas, & qu'elles en
ſont bien plus conſiderées.

Les Enfans mâles reſtent avec
leurs meres, juſques à l'âge de
raiſon, c'eſt à dire, juſques à
ſept ans, qu'on les met dans des
Appartemens ſeparés, avec des
Precepteurs qui ont ſoin de

leur éducation, & de les inf-
truire ; depuis ce jour, ils ne
voyent plus leurs meres que
quatre fois l'année, qu'elles
peuvent leur rendre visite.

CHAPITRE V.

Des aumônes de Sa Hautesse, des
Santons, & de la Mere du
Grand Seigneur.

TOus les jours le Grand
Seigneur, au sortir de
l'Oraison, fait jetter de la monnoie d'or & d'argent par aumône, au Peuple qui se trouve
sur son passage : il observe cela
plus particulierement les Vendredis, & il envoye ces jours là,
des aumônes considerables à
diverses personnes, aux Communautés, & quelquefois des
presens à celui que bon lui semble.

Aux

Aux deux plus solemnelles
Fêtes de l'année, il envoye de
tres grandes aumônes aux Prisonniers, & des presens magnifiques au MOUFTI, qui est le
Chef de la Religion des Turcs,
à son Precepteur que l'on appelle en Turc OGYA, & à
l'EMIR AFFENDI, qui veut
dire Seigneur Commandeur,
que l'on croit descendre en li-
gne directe de leur Grand Prophete Mahomet; en consideration de quoi il porte le Turban
verd, avec la Robe de même
couleur. Il se trouve dans l'Empire Ottoman, plusieurs familles qui se vantent de la même
origine, mais il est le Chef de
tous ; la plus grande partie
d'eux tous se font Santons, &
portent à la main une tres grosse Couronne, & de l'autre un

bâton ; ils marchent presque
tous pieds nuds ; & sont en
grande estime parmi le Peuple,
quoiqu'ils soient extremement
fripons.

Une grande partie de ces
gens là sont aveugles, parce
qu'allant en pelerinage visiter
le Tombeau du Prophete Mahomet à la Mecque, ils croyent
faire une bonne œuvre, en se
privant de la vûë, comme si ils
ne vouloient plus rien voir
après cette merveille ; pour cet
effet ils se crevent les yeux avec
des fers rouges, & passent le
reste de leur vie à mandier. Ils
imposent infiniment parmi le
Peuple, ce qui les autorisent à
faire des profits, ou plûtôt des
voleries tres considerables, en
rendant des faux témoignages
pour ceux qui les employent,

& qui les recompenfent le mieux : car ce qu'un de ces Santons dépofe en Juftice à la charge ou décharge de quelqu'un, eft plûtôt crû que ce que vingt - cinq autres témoins pourroient dire, quand même la verité fe feroit connoître par elle-même ; en forte que les Juges rendent leurs Sentences, conformément à ce qu'ils ont dépofés : l'on peut juger de là, les friponneries qu'ils peuvent faire, ce qui n'empêche point qu'à leur mort, ils ne foient enterrés dans des lieux feparés pour eux, & qu'ils ne foient reverés & mis au nombre des Saints.

Sa Hauteffe porte un tres grand refpect à fa Mere, & l'envoye fouvent vifiter. Pendant fa vie, elle demeure hors du

Serail dans un Palais particulier, parce que dès que son mari, qui est le Pere du Grand
Seigneur, est mort, elle est libre
d'en sortir, & d'aller demeurer
ailleurs, ce qui n'empêche pas
qu'elle ne soit tres honorée de
son Fils, qui a pour elle tout le
respect possible, & qui lui permet de le visiter une fois le
mois; & en cas qu'il vienne à
tomber malade, il lui permet
de venir demeurer auprès de
lui, jusques à ce qu'il ait recouvert la santé; & en cas de maladie de sa Mere, le Sultan lui
rend en personne de frequen-
tes visites, pour en cas de mort,
être tout prêt à recevoir sa benediction.

CHAPITRE VI.

*Du Moufti, & du Precepteur du
Grand Seigneur ; des Presens que
fait Sa Hauteße aux deux Fêtes ;
du Mariage de ses Filles.*

LA Charge du MOUFTI,
qui est le Chef de la Religion & de la Loi de Mahomet,
est la plus grande Dignité Ec-
clesiastique de l'Empire Ottoman ; elle produit à celui qui la
possede, cinq cens sequins par
jour de revenu, ce qui lui suffit
à peine, parce qu'il fait une tres
grande dépense, & que sa Maison est tres nombreuse.

Il tire une grande quantité
d'argent des differens cas d'ab-
solutions, & des Procès qui se
presentent au sujet des Maria-
ges, n'y ayant aucune personne

qui puisse contredire ses Jugemens ; il retire aussi un profit
tres considerable, du pouvoir
qu'il a de prendre sous sa pro-
tection, ceux qui ont recours à
lui pour les affaires temporel-
les, tant dans la Ville de Constantinople, que par toute l'é-
tenduë de l'Empire Ottoman.

Le Grand Seigneur ne se leve
point devant personne qui pa-
roisse devant lui, que devant le
Moufti, & devant l'Ogya son
Maître. Aux deux Fêtes principales, il baise la main du
Moufti, & touche seulement
celle de son Precepteur.

Les Eunuques du Serail, reçoivent ces jours là de grands
presens du Grand Seigneur, qui
les leur donne lui-même de sa
main.

Chacune de ces deux Fêtes,

le Sultan, après avoir été à la
Mosquée, rend visite à toutes
les Dames Sultanes qui font
dans le Serail, & leur fait à chacune un present, suivant sa fantaisie.

Il commence ordinairement
ses visites par la principale Sultane, qui est la Mere du premier
né de ses Fils ; elle s'appelle en
Turc A S E C H Y, qui veut dire
en François, Sultane Reine &
libre, car il est necessaire qu'elle soit affranchie, parce que
toutes les Dames qui font ren-
fermées dans le Serail de Sa
Hautesse, font Esclaves qu'il a
achetées & payées : car quoiqu'on lui en fasse presens de differens endroits, il a grand soin
de donner un équivalent à ceux
de qui il les a reçuës, afin qu'elles soient toutes reputées ses

Efclaves; ainfi il eft befoin que
la premiere Sultane, étant élevée à la Dignité de Reine, foit
declarée libre par écrit, avant
que fon Fils reçoive la Circoncifion, qui fert de Baptême aux
Turcs, & que dans les Lettres
qu'on lui expedie, la dot que le
Grand Seigneur lui fait, foit
expliquée : elle eft ordinairement de trois mille charges de
monnoie.

On marie les Filles de Sa
Hauteffe, quand elles ont atteint l'âge de dixhuit ans, aux
plus grands Baffas, & aux principaux Officiers de la Porte,
avec une dot de cinq cens charges de monnoie, & trente-fix
charges d'entrée pour leurs dé-
penfes particulieres ; elles ont
la liberté de venir vifiter leur
Pere quand bon leur femble, &
lors

lors de sa mort, elles ont encore
celle de venir feliciter celui de
leur frere qui a été declaré Empereur ; leurs maris sont tres
respectés & tres favorisés à la
Cour Ottomane.

Le Grand Seigneur avoit autrefois coûtume d'aller quelquefois la nuit, inconnu, par la
Ville, avec sa Garde, qui mar-
choit partie quelques pas devant lui, & partie à sa suite,
pour reconnoître les abus & les
malversations que l'on pouvoit
commettre, & y apporter le re-
mède necessaire ; & aussi afin
de ne point être trompé par les
faux rapports que lui auroient
pû faire ses Ministres, & que le
Peuple en fût plus tranquille, &
mieux gouverné. Cette methode étoit tres pratiquée par les
premiers Empereurs, jusques

au Regne du Sultan Solyman;
mais depuis lui, les Empereurs
Turcs ont entierement aban-
donné cette coûtume.

CHAPITRE VII.

Des Medecins, Chirurgiens, &
autres pareils Officiers du Serail.

QUand le Grand Seigneur
est malade, il y a un certain nombre de Medecins destinés pour lui, & que l'on fait
avertir ; dès le matin on les fait
entrer dans son Appartement
pour le visiter, & en cas que la
maladie augmente, on leur
donne des Chambres proche
celle de Sa Hautesse, avec deux
domestiques à chacun : on ne
permet point aux Maîtres, de
sortir de l'Appartement de
l'Empereur, jusques à ce qu'il

ait tout à fait recouvert la ſanté; & ſi il en meurt, tres ſouvent on ne trouve plus aucuns
d'eux, & l'on n'en entend jamais parler.

Pour les Barbiers & Chirurgiens ordinaires de Sa Hauteſſe,
aucuns ne demeurent hors du
Serail, parce qu'entre les Pages
& les Gentilshommes de la
Chambre Secrette, il y en a
pluſieurs qui ſont tres experimentés, qui le ſervent dans le
Bain, le raſent, & même le ſai-
gnent quand il en eſt beſoin,
faiſant de même toutes les autres fonctions neceſſaires pour
la ſanté de leur Maître.

Quoique le Grand Seigneur
ſoit en ſanté, trois de ſes Medecins ordinaires, dont le nombre
eſt fixé à ſept au moins, ſont
obligés de ſe trouver tous les

jours dans l'Apoticairerie du
Serail, & d'y demeurer jusques
à midi ; passé cette heure, ils
sont libres d'aller à leurs affaires.

Si quelque Dame du Serail
vient à tomber malade, il ne
leur est pas permis de la visiter, parce que personne n'y
entre que le Grand Seigneur,
mais il y a parmi celles qui les
servent, des vieilles tres expe-
rimentées, & qui se connoissent
aux maladies, qui vont hors la
porte de l'Appartement des
Dames, porter l'urine aux Medecins, & faire une relation du
mal ; sur quoi, sans les voir, ni
les toucher, ils sont obligés
d'ordonner des remedes, qui le
plus souvent leur causent beaucoup plus d'incommodité, que
de soulagement, & sont causes

qu'elles periffent ainfi mifera-
blement.

Si c'étoit quelque Sultane
favorite, & particulierement
chere à Sa Hauteffe, le Medecin alors, (ayant la permiffion du Grand Seigneur,) entre dans fon Appartement
pour la vifiter, mais il ne la voit
en aucune façon, parce qu'elle
fe couvre de telle forte, qu'on
ne fçauroit diftinguer ce qui eft
dans le lit ; il peut feulement
lui faire fortir un bras hors du
lit, encore eft-il couvert d'un
voile de foie tres déliée, & lui
ayant tâté le poux, il fe retire
fans dire un feul mot, & va
écrire fon ordonnance pour la
compofition des remedes qu'il
juge être neceffaires.

Les Sultanes envieufes de
plaire à Sa Hauteffe, les unes à

l'envi des autres, font une grande dépense pour trouver quelqu'un qui leur enseigne quelque enchantement pour se faire aimer le plus.

Outre tout ce peuple, qui est occupé à tant de choses differentes, ainsi que je l'ai déja dit, qui loge dans le Serail, il y a encore une autre espece d'Estafiers, qui servent de Courriers pour les Affaires secrettes & de la derniere importance; ils y vont à pied, si le voyage n'est pas plus long de vingt-cinq milles, & si il est plus long, ils ont la liberté de le faire à cheval : ce sont eux aussi que l'on envoye, lorsqu'il faut porter quelques Lettres de la main même du Grand Seigneur, à quelque Bassa éloigné : ces gens-là sont aussi Capitaines de l'office de la Porte. Il y en a environ deux cens autres particuliers, dont le nom est proprement VACH, qui signifie Courriers pour la poste à cheval ; ils sont expédiés par le Grand Vizir, ou bien quelquefois par ordre du Divan, mais toujours pour le service, & sur les ordres de Sa Hautesse : à leur arrivée en quelque endroit que ce soit, le Gouverneur de la Ville est obligé de leur faire fournir aussitôt autant de Chevaux qu'ils en ont besoin, & de quoi faire leur dépense.

CHAPITRE VIII.

Des Enfans mâles du Sultan, & de l'Election du Grand Seigneur.

QUand les Fils du Grand Seigneur ont atteint l'â-

ge de treize ans, on les fait cir-
concire, & l'on fait de grandes
réjouiſſances par toute la Ville,
qui durent pendant huit jours,
principalement à la circonci-
ſion du premier Enfant de Sa
Hauteſſe, & trois jours après
on les pourvoit d'un Gouver-
nement dans la Natolie ou
ailleurs, où ils demeurent du-
rant la vie de leur Pere, mais
à ſa mort, celui qu'il a nommé
par Teſtament, pour ſucceſ-
ſeur, (quoique ce ſoit toujours
ſon premier né, ou bien le ſuivant, ſi ſon frere eſt mort, ou
que ſa conduite dans le Gou-
vernement qu'il a eu, n'ait pas
été aſſez deſagréable à ſon
Pere, pour le priver de ſa Suc-
ceſſion,) celui-là, dis-je, vient
ſecrettement dans la Ville, &
entre par la porte des Jardins

dans le Serail, d'où on le conduit pour s'asseoir dans le Thrône de l'Empereur : après cela, pour obéir à la Loi de Mahomet, il fait étrangler tous ses autres freres qui se trouvent dans le Serail, & si il y en a quelques-uns dehors, il dépêche aussitôt quelqu'un pour aller lui donner la mort, ou lui faire la guerre, s'il refuse d'obéir.

Sous le Regne de Bajazet, ses quatre fils se firent la guerre l'un à l'autre, & furent tous battus par Selim I. qui après les avoir défaits & mis à mort, ôta l'Empire & la vie à son Pere.

Il arriva aussi du temps de Solyman, que ses trois fils eurent grande guerre entre eux, & l'un d'eux ayant tué & défait les autres, s'enfuit auprès du Roi de Perse, pour éviter la colere de son Pere; mais le Roi de Perse ne put s'empêcher de le lui rendre, pour éviter l'effet des menaces qu'il lui fit faire, de ravager tout son Pays, Solyman le fit mourir dès qu'il l'eut en sa possession; & s'étant par là privé de tous ses enfans mâles, il eut pour Successeur Selim II.

Sultan Amurat, dont le naturel étoit doux, ne pouvant voir répandre son propre sang, par la mort de ses freres, fut dixhuit heures sans vouloir s'asseoir sur le Siege Imperial, ni permettre qu'on publiât son arrivée dans la Ville; voulant auparavant faire en sorte que ses neuf freres charnels, qui tous se trouverent dans le Serail, puſſent être exempts de cette affreuſe Loi : mais après avoir longtemps conſulté avec l'Ogya ſon maître, le Grand Moufti, & pluſieurs autres de ſes ſerviteurs tres experimentés dans les affaires, voyant qu'il n'y avoit pas moyen de leur ſauver la vie, pour ne point enfreindre la Loi de Mahomet, (comme j'ai dit ci-deſſus,) il verſa des larmes, & envoya les Muets pour les étrangler, & donna de ſes propres mains neuf mouchoirs au Chef des Muets, pour faire cette horrible execution, lui montrant en même temps le corps de ſon Pere mort, pour lui ordonner de faire ſon devoir, & de s'acquitter fidelement de ſa commiſſion.

Trois jours après l'arrivée du

Nouveau Sultan, on tient un grand Divan, quoique ce ne soit point un des quatre jours ordinaires de la Semaine pour tenir l'Assemblée ; il est general alors, & tous les Officiers de la Porte ont ordre de s'y rendre, sans qu'il en manque un seul : pendant l'Assemblée, le nouveau Grand Seigneur se tient derriere une jalousie qui est au bout de la grande Salle, d'où il ne peut être apperçu, mais d'où il voit & entend tout ce que l'on dit, & ce que l'on fait dans ce Divan.

Ce Conseil finit à l'heure accoutumée, & après, tous les Officiers qui le composent, entrent quatre à la fois, & quelquefois six, suivant leur rang & Dignité, pour faire la reverence à Sa Hautesse, sans lui parler,

& paſſant à la file, ils ſortent par une autre porte. Après cette ceremonie, la Table étant preparée, le Grand Seigneur s'y met ſeul, ſelon la coûtume & la maniere ci-deſſus.

Tous les Officiers du Divan retournent après dans la Salle du Conſeil, où après avoir dîné ſomptueuſement, mais avec diligence, on prepare à Sa Hauteſſe, le plus beau Cheval de ſon Ecurie, ſur lequel il monte au ſortir de ſon dîner, & va en grande magnificence dans la Ville, accompagné de tous les Officiers du Divan du matin, & de tous les Miniſtres de la Porte, pour ſe faire voir au Peuple : il va dans cette pompe à la Moſquée où ſont enterrés ſes Prédeceſſeurs, où étant arrivé, il met pied à terre, puis y entre

pour y faire sa Priere, & assis-
ter au Sermon du plus fameux
Prédicateur de Constantinople, qui après un discours d'une
heure, donne sept fois de suite
sa benediction au Grand Seigneur, & le Peuple répond
unanimement *Amen*.

Le Prédicateur ayant fini, le
Moufti donne aussi sa benediction une fois seulement au
Grand Seigneur, à quoi le Peuple répond de nouveau *Amen*.

Enfin cette ceremonie étant
finie, le Peuple donne aussi tout
d'une voix sa benediction au
Sultan, après il remonte à
Cheval, & s'en retourne par un
chemin different que celui par
où il est venu, pour retourner
au Serail.

Le cinquiéme jour, il va à la
promenade sur mer; pour cet

effet, il entre dans la Galere qui est preparée exprés pour lui, & va se promener dans un Jardin qui est audessus de l'Arsenal, & qu'on appelle A s s u h e r y, qui veut dire lieu de plaisance, & de là il monte à Cheval pour aller à la Chasse, où il tâche de courir quelque Bête qu'il puisse prendre, tenant pour un heureux présage, si lui-même peut en courir, & en prendre une.

Puis retournant sur ses pas, il va visiter l'Arsenal, assisté de son Capitaine de la mer, qu'on appelle Capitan Bassa, qui lui rend compte de l'état où se trouvent alors toutes les choses concernant la Marine.

Le même jour, après être retourné au Serail, le Grand Vizir le va trouver, & lui rend compte en peu de paroles, de toutes les affaires de l'Etat.

Pendant les premiers jours de son avenement à l'Empire, il fait de tres beaux presens, & fait jetter au Peuple qui se trouve sur son passage dans les ruës, quantité de monnoie d'or & d'argent; il fait aussi de tres grandes aumônes aux Communautés, aux Hôpitaux, & aux Monasteres des Prédicateurs. Il s'est trouvé à l'avenement de l'Empereur Amurat, que les aumônes qu'il fit pendant ces cinq premiers jours, passoient plus de deux mille charges de monnoie, ce qui fait quatre cens mille sequins.

Le cinquiéme jour passé, les Dames de son Sang commencent à lui rendre visite, & il leur fait present à chacune, de pierreries,

reries, & d'habits de tres grande valeur, & accorde plusieurs
graces à leurs maris, parce qu'en
ce temps il a coûtume de ne
leur rien refuser de ce qu'elles
lui demandent, soit pour elles,
soit pour leurs maris, ou pour
quelque autre personne que ce
soit.

CHAPITRE IX.

De la Feste de Pasques.

Lors de la Fête de la grande Pâque, le Grand Sei-
gneur fait de grandes faveurs
aux Prisonniers, tant en matie-
re Civile, que Criminelle, &
donne la liberté à un grand
nombre, avec des aumônes
considerables, en payant pour
eux, ainsi que je l'ai dit ci-
dessus.

O

Cette Fête de Pâque vient à la fin du mois qu'ils jeûnent ; ce mois dure pendant le cours d'une Lune, & leur jeûne est si austere, qu'ils ne mangent, ni ne boivent depuis deux heures avant le jour, jusques à ce que les étoiles paroissent : ils vont une demie heure auparavant à leur Mosquée, faire l'Oraison du soir, laquelle étant finie, & les étoiles commençant à paroître, ils vont manger de la viande & se réjouir, parce que les Turcs ne mangent point de Poisson, de quelque espece que ce soit, si ce n'est par débauche ou par libertinage : car cela leur est tres défendu par leur Loi, en quelque saison de l'année que ce soit.

A deux heures de nuit, ils retournent à la Mosquée faire

leur Priere, qui dure l'espace d'une heure, après quoi ils vont encore manger de nouveau, & la plûpart d'eux, veillent le reste de la nuit, & la passent à manger.

Toutes les nuits pendant ce mois, les Mosquées Privilegiées demeurent ouvertes avec des lampes allumées ; & autour de leurs clochers, ils y mettent pareillement des lumieres.

Les huit derniers jours du mois, ils jeûnent plus severement, & passent toute la nuit à visiter les Mosquées, dont l'entrée est fort difficile, à cause de l'affluence du Peuple qui va y faire ses Prieres, à quoi ils sont beaucoup plus exacts les trois dernieres nuits, qu'ils passent presque toutes entieres aux Mosquées, & à lire l'Alcoran.

Le Grand Seigneur va quelquefois lui-même *incognito*, à la visite des Mosquées pendant ces nuits là, entendre les Sermons, & faire ses Prieres sur le tombeau de ses proches.

Le jour de Pâques, au lever du Soleil, il faut que tout le Peuple se trouve chacun à sa Mosquée, pour faire ses Prieres ; les Imams des Mosquées chantent des Versets & des Prieres de l'Alcoran, & à la fin le principal Imam fait une longue Priere à haute voix, & prie pour la santé du Grand Seigneur, & la prosperité du Peuple Mahometan, à quoi le Peuple répond tout d'une voix *Amen* ; ensuite il fait une nouvelle Oraison, priant Dieu qu'il fasse perir tous ceux qui sont rebelles à la Loi de Mahomet.

Quand le Grand Seigneur aſſiſte ce jour là à la Moſque de ſainte Sophie, les ceremonies ſont bien plus grandes.

Premierement, le Chef de la Moſquée, ou premier IMAM, fait la Priere à haute voix, & après le Moufti la repete, enſuite ils donnent tous deux la benediction au Grand Seigneur, après quoi le peuple lui donne auſſi la ſienne à haute voix : pendant toutes ces ceremonies & ces Prieres, Sa Hauteſſe eſt toujours à genoux, priant Dieu d'exaucer les Prieres que l'on fait pour lui, quoiqu'il s'en reconnoiſſe indigne : il parle ſi haut, que malgré les Prieres que le peuple fait à haute voix, il eſt entendu de ceux qui ſont auprès de lui. En pareille occaſion, on a vû Sultan

Solyman, & le Grand Amurat, soupirer & verser des larmes par dévotion.

Tous ces Offices finis, le peuple se retire chacun chez soi, se touchant l'un l'autre dans la main, & se souhaitant toute la felicité possible.

Le Grand Seigneur étant retourné dans le Serail, se met dans son Thrône, qui est placé dans une grande Salle, où il reçoit les hommages des principaux Bassas de sa Cour, qui lui baisent à genouil & en silence le bas de sa robe, pendant qu'il hausse & baisse la main, sur la tête de chacun d'eux, sans pourtant les toucher, marquant par là qu'il les reçoit favorablement : le nombre de ceux qui sont admis à cette ceremonie, est de cent ou environ.

Aussitôt qu'ils se sont retirés, il passe dans son Appartement, où le Moufti doit se rendre ; d'abord qu'il entre, le Grand Seigneur va audevant de lui, & lui baise la main, ensuite le Moufti met la main sur la tête de Sa Hautesse, en disant : *Mahomet te benisse, & je te le prononce ;* ensuite le Sultan lui donne une bourse de trois mille sequins, & dès que le Moufti est sorti de la Chambre, on lui presente deux robes de drap de Bursi, faites à sa mesure.

L'Ogya, ou maître du Sultan, vient ensuite pour lui rendre ses respects ; le Grand Seigneur va audevant de lui, & lui donne sa main à toucher, après quoi il le renvoye avec des presens.

Ces ceremonies finies, le Grand Seigneur va dans une

autre Salle, où toutes les Sultanes font affemblées ; à fon arrivée elles fe levent & le faluent,
en lui fouhaitant toutes fortes
de profperités ; il lés regarde
en fouriant, & fe tournant vers
un Eunuque, il leur fait diftri-
buer à toutes également des
joyaux & pierreries, avec une
bourfe de pieces d'or, dont elles font leurs liberalités à leurs
efclaves.

On obferve les mêmes ceremonies à la premiere Pâque, &
à la feconde, qui arrive foixante
& dix jours après la premiere.

La premiere eft appellée
Arucybayran, c'eft à
dire, Pâque de Jeûne.

La feconde fe nomme Me-
bachbayran, qui veut
dire Pâque de Sacrifice; elle eft
ainfi nommée, parce que dans

cette

cette seconde Pâque , personne n'est exempté , même les pauvres, de sacrifier un animal dans sa maison , & d'en distribuer un morceau aux pauvres ; les riches en tuent plusieurs de differentes especes. La Fête de chaque Pâque dure trois jours.

Ils ont encore une autre Fête qu'ils appellent la Fête de l'aumône des morts, parce que chacun fait de grandes liberalités aux pauvres, pour leurs parens défunts : cette coûtume est encore plus particulierement pratiquée par les Mahometans de Syrie, Mesopotamie, Terre-Sainte , & de toute l'Egypte, qu'à Constantinople , la plûpart des Marchands de ces Pays là , donnant pour leurs parens morts, la dixiéme partie

de tout ce qu'ils ont gagné
pendant l'année.

Ils font leur Carnaval huit
jours avant le BAYRAN, qui
eſt le temps de leurs jeûnes :
chaque Baſſa fait tendre ſon
Pavillon dans une ſpacieuſe
campagne, proche le fleuve appellé CHEATANA, où ils
joutent à Cheval, & font des
dépenſes tres conſiderables,
ſoit en feſtins, ſoit en differens
autres divertiſſemens.

CHAPITRE X.

Des Dévotions particulieres des
Mahometans.

SAINT GEORGES, que
les Turcs nomment CHE-
DIRELLES, eſt regardé chez
eux comme un grand Guer-
rier. Le jour de la fête de ce

Saint, ils font dans le même
endroit, des montres militai-
res, avec beaucoup de pompe & de magnificence ; ſi les
Baſſas n'y vont point en perſonne, ils y envoyent leur famille
avec des équipages ſuperbes :
toute la journée ſe paſſe en joutes & autres exercices.

Ce Saint, ſaint Antoine
Abbé, & ſaint Nicolas, ſont
reconnus par les Turcs, pour
véritablement Saints, & ils en
rapportent pluſieurs miracles ;
ils leurs adreſſent des vœux
& des prieres, & ont beaucoup de veneration pour eux.
En diverſes Provinces, les peu-
ples reverent d'autres Saints de
notre Calendrier.

Dans les temps de ſéchereſſe,
lorſqu'ils craignent la famine
& la cherté des vivres, le peu-

ple s'assemble dans une grande Plaine au pied d'une montagne située audessus de Pera, où un des principaux Imams, par ordre du Grand Seigneur, fait un Sermon qui dure trois heures, & à chaque demie heure il se met à genouil devant un pulpitre, & exhorte le peuple à se corriger, à avoir regret de ses pechés, & à aller combattre les Infideles, principalement les Chrétiens, qu'ils regardent comme leurs plus grands ennemis; ensuite le peuple qui est aussi à genouil, demande pardon à Dieu de ses pechés, & avec de grands cris, le prie de leur envoyer de la pluie; à la derniere demie heure, il reste debout, fait une longue Oraison, & prie pour la prosperité du Grand Seigneur, après quoi

le peuple se retire, & va visiter
les principales Mosquées.

Dans les temps de peste, ils
font les mêmes prieres, lorsqu'elle commence à faire des
progrès, ils tuent tous les chiens
qu'ils peuvent trouver, particulierement dans Constantinople; ceux qui ont des Boutiques, sont obligés de mettre
devant la porte un chien mort;
un Officier de Justice fait sa visite, & condamne à une peine
imposée pour cet effet, ceux
qui y manquent; quelquefois
même les Grands sont obligés
d'en mettre, parce qu'ils disent
que Dieu a ordonné qu'il meure
un certain nombre d'ames, &
pour satisfaire à sa Sentence,
ils mettent à mort une pareille
quantité de ces animaux, & ils
croyent que par là Dieu appai-

fera sa colere, & fera cesser la peste.

Ils ont une grande veneration pour les Chats, parce que leur Prophete Mahomet les aimoit, les caressoit, & les tenoit souvent entre ses bras : c'est ce qui donne lieu au massacre des chiens, & à la conservation des chats. On a même établi en quelques lieux, particulierement chez les Arabes blancs, à Damas, en Syrie, à Jerusalem, & au Caire en Egypte, des especes d'Hôpitaux pour les nourrir ; ils croyent faire une grande charité, de laisser des revenus considerables pour leur entretien, & pour ceux qui sont gagés uniquement pour en avoir soin.

Leur entêtement & leur scrupule s'étend si loin sur ce sujet, qu'il arriva une fois à Damas, une grande contestation entre le Peuple & ceux qui gouvernoient un de ces Hôpitaux ; le Peuple prétendant avoir le pouvoir de faire des aumônes pour l'entretien des Chats qui y étoient. Selim I. pour prévenir les seditions que cette dispute auroit infailliblement causé, permit au Peuple de faire ses aumônes tous les Vendredis, & aux deux Fêtes solemnelles.

Il n'y a point de semblables Hôpitaux à Constantinople, mais ils ont une autre methode pour leur faire la charité. En plusieurs endroits de la Ville, & aux grandes Places, principalement à celle qui est près de la Mosquée de Sultan Bajazet, il y a plusieurs personnes qui ne sont uniquement occupées qu'à faire cuire sur des pieces de bois, des poulmons d'animaux, que le peuple, & même les Grands achetent, & donnent publiquement à manger aux Chats, qui y viennent de toute part.

Hors le temps de peste, ils font la même chose aux Chiens, dont il y a une grande quantité en Turquie. Ils croyent aussi faire une œuvre de charité fort agréable à Mahomet, en achetant des oiseaux, & leur donnant ensuite la liberté. Lorsque la Justice rencontre quelque Muletier, Charetier, ou Meûnier, qui charge trop son Cheval, elle s'en saisit aussitôt; on les attache à la queuë du Cheval, & on les promene dans la Ville, leur faisant souvent porter la même charge qu'avoit le Cheval.

Quand le feu se met à quelque maison de la Ville de Constantinople, le Capitaine des
Janissaires est obligé d'y courir
avec tous ceux qu'il commande, pour l'éteindre, mais ils ont
plus de soin de piller les maisons, que de mettre ordre au
feu. Cette Ville est tres sujette
à de pareils accidens, les maisons n'étant bâties que de bois.
Sous le regne d'Amurat, tout le
principal corps des maisons de
la Ville fut entierement con-
sumé, & s'il n'eût envoyé plus
de dix mille hommes de sa
Maison, qui en abbattirent une
partie, pour empêcher le progrès du feu, la Ville auroit été
entierement détruite; les portes de son Serail furent ouvertes, & on y donna à manger
pendant trois jours à toutes sor-

tes de personnes, & il distribua
lui-même à chacun un sequin :
la perte seule des Marchandises qui étoient dans les Boutiques se montoit à quatre millions d'or, & le peuple lui ayant
representé qu'il ne se trouve-
roit point assez de bois & de
briques pour rétablir les maisons brûlées, il donna permission d'en couper pendant trois
ans dans tous ses Bois, pour les
rétablir : il mit un impôt pour
ce sujet, & il donna encore
pour chaque maison, un certain
nombre de milliers de briques ;
il défendit outre cela d'inquié-
ter, ou d'emprisonner pour dettes, les Artisans des Boutiques
brûlées, pendant les trois ans
que duroit la permission de
couper les bois. Les portes du
Serail demeurerent ouvertes

pendant plus d'un mois, & il
donnoit l'aumône generale-
ment à tous ceux qui la lui de-
mandoient, de sorte que par
l'ordre qu'il établit dans la Ville, & par ses liberalités, elle fut
en peu de temps plus belle &
plus magnifique qu'elle eût jamais été.

NOUVELLE DESCRIPTION DE LA VILLE DE CONSTANTINOPLE.

LIVRE QUATRIEME.

CHAPITRE PREMIER.

De la Loi de Mahomet, & de l'Ablution.

APRES avoir parlé des Mœurs & des Coûtumes des Turcs, il est à propos de dire un mot de leur Religion, & de la Loi de Mahomet.

Elle fut donnée par ses quatre premiers Disciples, qui

après sa mort s'emparerent du Commandement de son Peuple, & se firent declarer Chefs de la Religion Mahometane, elle est divisée en quatre Préceptes generaux.

Le Premier est appellé SYA-FEY, le Deuxiéme CANEFY, le Troisiéme MAILECHY, le Quatriéme CAMBALY.

Ces Principes different beaucoup l'un de l'autre en ce qui regarde les coûtumes & les cérémonies du Mariage de la Loi Civile, &c. Il y a une grande difference entre les Turcs & les Persans, car quoiqu'ils soient tous Mahometans, ils se regardent les uns & les autres comme Heretiques.

Cette diversité d'opinions vient de ce que les Persans après la mort de Mahomet, suivirent

les ordres d'ALY son gendre, qui
étoit le Vicaire de cet Impos-
teur; mais les Turcs ont supposé
un Testament de Mahomet, par
lequel il laissoit toute l'autorité
à deux de ses Disciples, dont
l'un se nommoit ABULACHER,
& l'autre OMAR, qui étoient
contrairés en beaucoup de choses aux Regles d'ALY : cepen-
dant tous les Mahometans en
general ont Dix Commande-
mens, qu'ils observent avec
beaucoup d'exactitude.

Le Premier Commandement
est l'Ablution ; c'est-à-dire,
qu'aucun ne peut entrer dans la
Mosquée pour y entendre &
faire l'Oraison, ni aussi faire ses
Prieres en son particulier, si auparavant il n'a satisfait à ce
Commandement ; en sorte que
si un homme vient à uriner ou

faire quelqu'autre neceſſité, * il
eſt beſoin qu'il ſe lave premierement la partie honteuſe; c'eſt
pourquoi ils ont ſoin dans pareil
cas de porter de l'eau pour s'en
laver les mains & les bras juſqu'aux coudes, ils les plongent
dans de l'eau claire & en ver-
ſent pardeſſus, puis les hauſſant
& les tenant ouvertes, ils la
font couler, après ils en ver-
ſent ſur les mains pour la quatriéme fois, & les hauſſent
comme auparavant pour la faire couler juſqu'au coude, qu'ils
touchent avec la même eau ;
enſuite ils ſe lavent encore les
mains pour la cinquiéme fois,

---

* Ils regardent comme un grand crime,
de ſe ſervir de papier pour ſe nettoyer,
parce qu'ils diſent que c'eſt être impie
d'employer à de pareils uſages, ce qui
peut ſervir à écrire le Nom de Dieu & de
Mahomet.

& se moüillent les yeux, les lé-
vres & la pointe du nez, & se
mettant les deux gros doigts
moüillés dans les oreilles, ils se
les nettoyent tout autour. La
sixiéme fois ils se moüillent les
mains & en touchent les genoux, toutes les extrémités des
doigts des pieds & les talons :
Enfin la septiéme fois ils se bai-
gnent les mains & les essuyent ;
cette sorte d'Ablution se nomme ABDES, & s'il arrive qu'a-
près avoir fait leurs necessités
ils ne se soient point lavés, ils le
font ordinairement lorsqu'ils
vont à la Mosquée, & se lavent
auparavant que d'y entrer, les
parties honteuses avec l'eau d'u-
ne Fontaine qui se trouve à l'entrée, après quoi il leur est permis d'y entrer : si quelqu'un é-
toit accusé d'être entré dans la
Mosquée,

Moſquée, & d'y avoir fait ſa
Priere ſans s'être auparavant
purifié par l'Ablution ; on le
conduit par toute la Ville, à
coups de verges, & on le condamne à une amende conſiderable ; la ſeconde fois, outre
l'amende il eſt declaré infame
& incapable de rendre témoi-
gnage, & outre cela on l'envoye
aux Galeres, & enfin ſi il com-
met la même faute une troiſiéme fois, il eſt condamné au feu
& brûlé tout vif comme here-
tique. Il n'y a que ceux qui ont
fait un Pelerinage à la Mecque
qui ſont exempts de ces puni-
tions & qui ne peuvent être re-
cherchés pour quelques crimes
qu'ils ayent commis.

Les Mahometans d'Orient
obſervent tous cette maniere
de ſe laver ; mais les Turcs Ma-

hometans qui font plus vêtus
que ceux-là , ont obtenu une
difpenfe du M o u f t i , en forte qu'en jettant de l'eau fur
leurs habits, & moüillant le bras
par dehors, ils ont fatisfait à la
Loi.

Ils ont encore une autre efpe-
ce d'Ablution plus importante;
lorfqu'un homme a eu habita-
tion avec une femme, il doit fe
laver le corps , & principalement les parties honteufes;c'eft
pour cet ufage qu'on a établi des
Bains publics dans toutes les
Villes de la Turquie; mais il n'y
a que le menu peuple & les
pauvres qui s'en fervent, parce
que les riches & les Seigneurs
en ont ordinairement de particuliers chez eux , les femmes
ont une heure particuliere pour
aller aux Bains publics , & il eft

défendu sous peine de la vie à
tel homme que ce soit, de s'y
trouver pendant le temps qui
leur est donné pour s'y laver.

CHAPITRE II.

*Du second précepte de la Loi de
Mahomet, & des Prieres des
Turcs.*

LE Second Commande-
ment appellé HAMAS,
qui veut dire Office, consiste en
ce qu'après s'être lavé, & avant
que d'entrer dans la Mosquée
pour y faire sa Priere, les Turcs
sont obligés de se déchausser
& de laisser leurs souliers à la
porte, ou de les porter sous la
robe pour marque d'humilité,
& pour montrer qu'ils ont les
pieds nets lorsqu'ils vont faire
leur Priere.

A l'entrée de la Mosquée les Turcs s'inclinent trois fois, & la tête baissée marchent jusqu'au lieu où ils veulent s'arrêter, où ils se mettent à genoux, & après avoir baisé trois fois la terre ils font leur Priere les yeux baissés. Il est permis à ceux qui arrivent après que l'IMAM a commencé, de dire la Priere tou haut; mais ceux qui arrivent à l'heure ordinaire doivent la dire tout bas & en particulier; outre cela, soit qu'ils fassent leurs prieres seuls, ou qu'ils l'entendent faire à l'IMAM, ils doivent suivant leur Loi se prosterner & baiser la terre sept fois, à chaque fois ils doivent faire trois inclinations.

L'Alcoran, quelques loüanges ou autres Oraisons particu-

lieres à l'honneur de MAHOMET
& pour la conservation du
Grand Seigneur, sont les Prieres ordinaires qu'ils sont dans
leurs Mosquées, ils les disent
avec une devotion & un silence
tout particulier, surtout lorsqu'ils les disent dans la Mosquée; le respect qu'ils ont pour
ce lieu est si grand qu'il n'y a
point de Turc qui ose y parler à
un autre, faire aucun signe, regarder, ni même tousser, & si
ils ne peuvent pas absolument
se dispenser de cracher, ils le
font doucement dans leur
mouchoir, ils observent régu-
lierement ce point de leur Loi,
à telle heure qu'ils soient dans
la Mosquée, quand même ils y
seroient seuls, & en attendant
l'heure de la Priere : & si quelqu'un étoit surpris dormant

dans la Mosquée dans le temps que l'Imam fait le Sermon, on lui fait une correction publique, & l'entrée de ce lieu lui est défenduë.

Lorsqu'ils sortent de la Mosquée, & avant que de retourner dans leurs maisons, ils doivent faire l'aumône, & il y a à la premiere porte de la cour, des Pauvres exprés pour recevoir les charités des bons Musulmans.

Les femmes ne vont jamais à la Mosquée, elles font leurs Prieres dans leur maison.

Il est défendu à tout homme qui n'est pas de la Religion Mahometane, d'entrer dans la Mosquée : & si quelqu'un y étoit surpris sans avoir eu auparavant une permission de l'Imam, il seroit brûlé : c'est pour

cela qu'il y a des gens continuellement aux portes, qui ont
ſoin d'empêcher qu'il n'y entre
aucune ſorte d'animaux en quel
temps que ce ſoit, ils s'en ac-
quittent avec beaucoup d'e-
xactitude.

Les murailles des Moſquées
ſont toutes blanchies ſans aucunes Peintures ni Statuës ; au
milieu de la tribune de la grande Chapelle du côté du midi,
il y a une voute en forme d'arc,
ſous laquelle ſe met l'Imam lorſqu'il dit l'Oraiſon : elle eſt faite,
à ce que diſent les Turcs, de
cette façon, pour honorer la
Chapelle de la Mecque, qu'ils
prennent pour modele ; à gauche de l'Imam, il y a un pulpitre fort élevé où il fait la Priere le Vendredi, & à côté eſt
un endroit où ſe mettent les

Chantres, qui à haute voix difent leurs Oraifons & répon-
dent à l'Imam : ceux qui lifent
l'Oraifon le Vendredi avant la
Priere, fe metent auffi dans le
même endroit.

Perfonne n'eft exempté d'entendre ou de dire deux des
cinq Oraifons par jour, ou tout
au moins celle du midi, & ceux
qui font huit jours fans aller à la
Mofquée fans caufe legitime,
font châtiés fort feverement.

Ce Commandement renfer-
me auffi l'obligation du jeûne
du Bayran, & il y a des peines
tres rigoureufes pour ceux qui
ne l'obfervent pas.

CHAP. III.

CHAPITRE III.

Des Troisiéme, Quatriéme, Cinquié-me & sixiéme Commandemens de la Loi.

LE Troisiéme Commande-ment appellé GUALADIN BAYATY, est d'honorer son pere & sa mere, & d'avoir pour eux beaucoup de veneration; l'on peut dire avec justice qu'ils sont exacts Observateurs de ce précepte.

Les Mahometans sont tous obligés de se marier, par le Qua-triéme Commandement, qu'ils nomment ELIMECH; cette céremonie se doit faire dans la Mosquée, & en presence de l'I-mam, avec un consentement du Cady; & après s'être fait enre-gistrer sur son Livre; il est per-

R

mis aux Mufulmans de prendre autant de femmes qu'ils en
peuvent nourrir, & méme les
Efclaves aufquelles ils font des
Enfans, font enregiftrées au
nombre des autres Femmes, &
les Enfans font regardés comme legitimes.

Ils peuvent répudier leurs
Femmes en leur rendant la dot
qu'ils en ont reçûë, la Femme a
le même droit; mais fi c'eft elle
qui veut fe feparer, elle ne peut
rien exiger de fon mari. Si un
Turc refte éloigné fix mois de
fa femme, fans qu'elle reçoive
aucune de fes nouvelles, il lui
eft permis de fe remarier, & le
mari n'a plus aucun droit fur
elle, quand même il reviendroit
immediatement après, il ne
peut même la contraindre de
demeurer avec lui lorfque les

fix mois font paffés.

Le Cinquiéme Commande-
ment, eft la Circoncifion qui fe
doit faire lorfqu'ils ont atteint
la treiziéme année de leur âge,
en memoire d'Ifmaël Fils du Patriarche Abraham, dont ils fe
difent defcendus, qui fut circoncis, felon l'Ecriture, lorfqu'il
fut parvenu à ce même âge.

Huit jours avant la circoncifion, le pere de celui qui doit
être circoncis fait des feftins &
de grandes réjoüiffances, où il
invite fes parens & amis, il verfe
lui-même à boire & fert à manger à fes Convives, & il y a Pré-
dication chez lui le jour même
de la Circoncifion. La mort,
ou tout au moins les Galeres
perpetuelles font la penitence
de ceux qui vont à la Mofquée,
ou qui ont affaire avec une Ma-

hometane avant que d'avoir été circoncis.

Le sixiéme Commandement appellé Megytheler Cayry, oblige les Mahometans à exhorter les malades lorsqu'ils font à l'agonie, & recommander leurs ames à Dieu en lifant des chapitres de l'Alcoran, & aprés leur mort à bien laver leurs corps, couper leurs ongles, & les vétir entierement de toile neuve. Dès qu'un Mahometan eft mort ils l'habillent & le lavent comme nous venons de dire, & lui parfument avec un encenfoir neuf, les narrines, les yeux, la bouche, & les parties honteufes, & après avoir coufu fes habits, ils lui lient les mains, lui couvrent le vifage, ils fe difputent à qui le portera à fa fepulture, prefque

tout le Peule ſuit le corps juſqu'à la porte de la Moſquée, où
on chante une petite Oraiſon ;
enſuite on le porte dans l'endroit où il doit être enterré, autour duquel ſont les DERVIS
qui ſont leurs Religieux , qui
chantent & prient juſqu'à ce
qu'il ait été entierement couvert de terre ; leur Loi leur dé-
fendant de mettre les corps
dans des coffres de bois, pour
obſerver ce qui eſt dit dans le
Vieil Teſtament. *Tu es fait de
poudre, & tu retourneras en poudre.*
On enterre les perſonnes riches
& de conditions dans des Se-
pulchres de marbre, où l'on met
de la terre au fond pour exe-
cuter le précepte plus à la lettre.

Après que la céremonie eſt
finie, les Parens qui ont aſſiſté

en habits de deüil, retournent
à leurs maisons accompagnés de
leurs amis, ausquels ils donnent
un Repas, & entr'autres Mets
ils servent ordinairement des
lentilles & des œufs durs, suivant l'ancienne coûtume des
Hebreux, pour montrer que ces
deux choses ont la forme, ainsi
que le monde & que l'homme
qui vient au monde en sort
après qu'il y a fait son temps.

Ils font aussi de grandes aumônes pendant trois jours dans
la maison du mort, les Grands
donnent de la viande cruë, &
les Pauvres donnent seulement
du pain.

⁂

CHAPITRE IV.

Des Septiéme, Huitiéme & Neu-
viéme Commandemens de la
Loi.

LE Septiéme Commande-
ment appellé CHEASI-
LARDAGUSI, ordonne à tous
les Musulmans de combattre
les Infideles, & principalement
les Chrétiens, & assure la couronne du martyre à ceux qui y
sont tués.

Si un homme quitte sa Religion pour embrasser celle de
Mahomet, celui qui l'a exhorté
& instruit est obligé par le même précepte à lui donner la
moitié de son bien, & à le nourrir, & même ils s'estimoient
autrefois heureux, lorsqu'ils
avoient quelques filles qu'ils

pouvoient leur faire époufer, &
ceux qui n'en avoient point don-
noient la liberté à la plus belle
de leurs Efclaves, pour leur donner avec une groffe dot; on a vû
des Dames de qualité donner
la moitié de leurs biens, quelques confiderables qu'ils fuf-
fent, à quelques Efclaves qu'ils
avoient portés à fe faire circon-
cire, & même quelques-unes
ont été jufqu'à les époufer.

Les Empereurs Ottomans ont
fait une Ordonnance, par laquelle ils ne peuvent donner
leurs filles qu'à des Chrétiens
renegats. Solyman, pour obéir à
ce Commandement, fit inftrui-
re des Efclaves Latins, Grecs,
Juifs & Lutheriens, & donna
à chacun d'eux une de fes filles
avec la moitié de l'épargne de
fon trefor, après qu'ils eurent

embraſſé la Loi de Mahomet.

Les Turcs ne ſont plus ſi exacts obſervateurs de ce Précepte depuis que l'avarice eſt devenuë leur paſſion dominante : & ils ſe contentent de donner à ceux qu'ils font embraſſer leur Religion, une robe & deux chemiſes avec deux ou trois aſpres pour toute proviſion, & croyent leur faire encore une grande grace.

La charité eſt un cas ordonné par le Huitiéme Commandement, qu'ils nomment S A D A-C H A; de ſorte qu'un Turc qui veut ſuivre exactement les préceptes de ſa Religion, doit viſiter les malades & les priſonniers, conſoler les affligés, aider les pauvres dans leurs neceſſités, & faire beaucoup d'autres actes de charité, & principale-

ment ne point paſſer de jour
ſans donner quelque choſe à
manger aux pauvres. Ce Commandement s'étend ſi loin, que
ſi un pauvre en rencontre un
autre, il doit lui donner une partie des aumônes qu'il a reçûës,
& ſi un Turc mangeant quelque choſe, quand ce ne ſeroit
que du fruit, & rencontre un
ami, il doit lui en donner un
morceau, qui ne peut être refu-
ſé ſans paſſer pour incivil &
pour ennemi de celui qui l'a
preſenté.

Le Neuviéme Commande-
ment nommé MESCHYT RAY-
THY, renferme la reverence &
la veneration dûë aux Moſquées & à leurs Miniſtres ; l'o-
bligation de tenir les ruës nettes
pour aller faire ſa Priere, le reſpect qu'on doit avoir pour la

Mecque, & enfin le pelerinage que chaque Mahometan est obligé d'y faire au moins une fois en sa vie, & ceux qui sont absolument dans l'impossibilité d'y aller, doivent y envoyer quelqu'un en leur nom & à leurs dépens.

CHAPITRE V.

Du Pelerinage de la Mecque, & du Dixiéme & Dernier Comman- dement de la Loi.

IL part tous les ans de Cons- tantinople & de tous les Etats du Grand Seigneur, des Ca- ravanes considerables de Pele- rins qui vont à la Mecque, pour celebrer la seconde Pâque du Sacrifice, ils s'assemblent tous les ans, les uns à Damas, & les autres au Caire; la Caravane de

Damas eſt deux mois à faire ſon voyage , & celle du Caire n'eſt qu'un mois, ainſi celle de Damas part un mois devant afin de pouvoir arriver au mê-me temps que celle du Caire; les Caravanes des Perſans ſont quelquefois ſéparées de cel-les des Turcs, principalement quand ils ſont en guerre avec le Sultan , auſſi bien que celles des Habitans des Royaumes de Fez & de Maroc.

La dépenſe que Sa Hauteſſe fait pour l'entretien de plus de 10000 chameaux qui ſervent à ſoulager les Pelerins , & pour les autres neceſſités de la Cara-vane, eſt tres conſiderable; car elle eſt montée quelquefois juſqu'à un million d'or , & on a été obligé de faire des tra-vaux de pierres pour amaſſer les

eaux de pluies dans les deserts,
pour soulager les Pelerins, qui
sans cela seroient en danger de
périr par la soif; outre cela le
Grand Seigneur a soin de faire
garnir les Caravanes de toutes
sortes de provisions de bouche,
qui se donnent au mêmeprix du
lieu dont laCaravane est partie.

Lorsque les Pelerins sont ar-
rivés à la Mecque: on distribuë
pendant sept jours à chacun
d'eux, par ordre du Grand Seigneur, des Vivres à fort bas
prix, & outre cela un Mouton
que le Pelerin sacrifie lui-même, & dont ils se distribuent la
chair entr'eux, la recevant comme une aumône. Ils visitent ensuite la maison où est le Tombeau du Prophete Mahomet,
dans lequel il y a seulement une
de ses cuisses;ils disent que cette

maison est le lieu où Abraham voulut sacrifier son Fils, * & que les Anges par ordre de Dieu transportèrent cette maison de Jerusalem en ce lieu, lorsque Mahomet commença à prêcher l'Alcoran à la Mecque. Ils entrent ordinairement par une porte & sortent par une autre qui est vis-à-vis, en prononçant une courte Oraison nommée FATECHA. Ils font cette ceremonie pendant trois jours, & la renouvellent trois fois par jour; outre cela ils disent tous les jours à midi la grande Oraison, aussibien que le Vendredi, qu'ils la font à la grande Mosquée, qui est proche cette maison; cette Mosquée est di-

---

* Ils ont falsifié l'Ecriture Sainte, en disant que c'étoit Ismaël fils de l'Esclave Agar, & non pas Isaac.

viſée en quatre parties, ſelon les quatre Regles, & ceux qui entrent pour faire leur Priere, vont du côté attribué à leur ſecte.

Les Pelerins regardent comme un grand bonheur & comme une œuvre pieuſe, lorſqu'ils peüvent laiſſer dans ce lieu de leur poſterité ; c'eſt pour cela qu'ils menent ordinairement leurs femmes avec eux, & ceux qui ne les menent point ont affaire avec les femmes du Païs, qui croyent faire une œuvre agréable à Mahomet en s'abandonnant ainſi à ceux qui viennent viſiter ſon Tombeau.

Après qu'ils ont reſté trois jours dans ce lieu, ils partent pour aller à MEDINETH ELVATHY, qui veut dire la Ville du Prophete, où repoſe ſon corps. Il

est dans une cave ronde extremement forte, qui n'a ni porte
ni fenêtre, & dont l'entrée est
défenduë par une grille de fer
d'une grosseur prodigieuse, &
outre cela ils y entretiennent
perpetuellement une forte garnison, pour empêcher que les
Persans ne viennent pour l'en-
lever, comme ils l'ont déja tenté
plusieurs fois. De là les Pelerins
vont faire leurs Sacrifices dans
une vaste Campagne, & distri-
buënt aux Pauvres la chair des
animaux qu'ils ont sacrifiés.

Le dernier jour ils se levent
tous à trois heures du matin;
ceux qui ont des Chevaux
montent dessus, & ceux qui
n'en ont point se servent des
Chameaux du Grand Seigneur,
& ils vont sur une montagne
où il y a quatre Imams, qui font

la Priere à haute voix, qu'ils
entendent sans mettre pied à
terre : le Peuple répond suivant
sa coûtume, cette Priere dure
environ quatre heures ; c'est sur
cette montagne, disent-ils, que
se refugierent nos premiers Peres Adam & Eve, après qu'ils
eurent été chassés du Paradis
Terrestre, qu'ils y firent penitence, & que Dieu leur pardon-
na leur peché, & ils croyent
que lorsqu'ils y font l'Oraison,
leurs pechés leurs font pardon-
nés, ils jeûnent tout ce jour-là
& ne mangent qu'à midi.

Le Grand Seigneur envoye un
grand nombre de Gardes commandés par deux Officiers, pour
veiller à tout ce qui pourroit arriver, & pour empêcher qu'il
ne s'y fasse aucun scandale, ce
qui arrive rarement, pour la

grande devotion des Turcs
pour ce Pelerinage. On fit le
dénombrement des deux Ca-
ravanes par ordre d'Amurat, &
elles se montoient à plus de soixante mille hommes, quoiqu'il
y eût une grande guerre contre
le Persan.

Enfin le Dixiéme & Dernier
Commandement, prescrit à
tous les Turcs, de croire qu'il
n'y a qu'un Dieu, qu'il y a eu
soixante-dix mille Prophetes,
dont Mahomet a été le dernier,
& que les Principaux de ces
Prophetes, sont Moïse, Jesus-
Christ, & Mahomet, ils
donnent à Moïse le Titre de
Parleur avec Dieu, Jesus-
Christ, celui de connu de
l'Esprit de Dieu, & ils appellent
Mahomet Nonce ou Ambassa-
deur de Dieu.

Il leur est aussi ordonné par
ce précepte, de regarder leurs
Empereurs comme represen-
tant la Personne de Mahomet,
tant pour le Temporel que pour
le Spirituel ; & c'est pour cela
qu'ils prient dans toutes leurs
Oraisons pour la prosperité du
Grand Seigneur, & se croyent
Martyrs lorsqu'ils meurent
pour lui ou par son ordre.

*****

212

RELATION
DU VOYAGE
DE L'AMBASSADEUR
DU
GRAND SEIGNEUR
EN FRANCE,
ET DU SEJOUR QU'IL A FAIT
EN CETTE COUR.

L est si rare de voir des Ambassades so-lemnelles dans la Cour des Princes Chrétiens, de la part du Sultan

Empereur des Turcs , que j'ai
crû devoir joindre à cette Description de la Capitale de l'Empire Ottoman , si renommée
dans toute l'antiquité, une Ambassade la plus solemnelle qui
se soit peut être jamais faite ,
& d'autant plus remarquable ,
qu'elle est une preuve de l'amitié que ces Princes ont témoi-
gnée depuis si longtemps à nos
Rois ; ainsi que nous en trou-
vons des preuves dans l'Histoire : je pourrois me contenter de
rapporter ici la pompe & la magnificence avec laquelle fut reçu en 1669, un Envoyé du Grand
Seigneur , par LOUIS LE
GRAND notre invincible
Monarque , dont les Barbares
ont toûjours respecté la puis-
sance ; mais pour remonter plus
avant dans l'Histoire , nous y

trouverons la marque la plus authentique de l'Alliance qu'il avoit contractée.

En 1547, dans une Tréve que l'Empereur Charles V. fit avec Solyman Empereur des Turcs, ce dernier deſirant de renouveller amitié avec Henri II. Roi de France, voulut ſans être requis, que ce Roi fût compris dans la Tréve d'Hongrie, comme s'il eût été Partie contraĉtante ; & ce qui eſt de plus encore à remarquer, c'eſt que dans cette Tréve, Solyman appelle Charles V. Roi des Eſpagnes, & le Roi de France Henri II. le Sereniſſime Empereur des François, ſon tres cher Ami & Allié.

C'eſt en conſequence de cette Alliance contraĉtée depuis ſi longtemps, que nous voyons de nos jours que le Sultan Aĉk-

MET Empereur des Turcs, à present sur le Trône, vient d'envoyer au Roi Tres Chrétien, LOUIS XV. Roi de France & de Navarre, un Ambassadeur Extraordinaire, pour le feliciter sur son glorieux Avenement à la Couronne : Fait d'autant plus remarquable, qu'il interesse l'Histoire de notre Siecle ; c'est pourquoi pour répondre au but que je me suis proposé, & contenter la curiosité du Lecteur ; je vais tâcher de faire une exacte relation du voyage & du sejour de cet Ambassadeur à la Cour de France.

CELEBY MEHEMET EFFENDY, Grand Tresorier de l'Empire Otoman, Ambassadeur de Sa Hautesse auprès de Loüis XV. Empereur des François, ci-devant Plenipotentiaire au Congrès

grés de Paſſarowits , partit de
Conſtantinople le quatriéme
Septembre 1720 , chargé des
dépêches de Sa Hauteſſe & du
Grand Vizir , il aborda à Malthe où il reſta cinq jours, pendant leſquels il racheta le Capitaine Solyman qu'il a conduit
en France ; c'eſt un des plus
habiles hommes de mer qui
ſoient dans tout l'Empire Ottoman , il coûta quatre mille
piaſtres à ſon Excellence , qui
partit d'abord après pour Lam-
pedoſa , où il reſta cinq autres
jours , d'où étant parti il arriva
à Magelonne après quarante-
huit jours de navigation qu'il
a euë tres heureuſe , il en partit
le 25 Janvier après y avoir fait
quarantaine & pris la route
d'Agde , où étant arrivé le 26 ,
il fut reçû avec toute la ma-

T

gnificence possible à une petite
Ville ; cet Ambaffadeur en
partit le 27, pour fe rendre par
le Canal à Touloufe & de là à
Bordeaux , à Orleans par les
routes ordinaires , & enfuite à Corbeil , où il arriva le
fept de Mars; le lendemain il
en partit de grand matin pour
fe rendre en cette Ville.

Il monta à Cheval au Pont
de Charenton , ayant à fa gauche Monfieur de la Beaune
Gentilhomme ordinaire du
Roi, qui l'a accompagné depuis fon départ de Magelonne.
Le Fils de fon Excellence enfuite avec toute fa maifon, qui
confifte en quatre-vingt perfonnes ou environ, qui font un
Intendant, un Imam ou Minif-
tre, un Treforier Garde-Sceau,
un Maître de Garde-Robbe, un

Maître d'Office, un Caffetier, celui qui a le ſoin de lui remplir & preſenter ſa Pipe, un Blanchiſſeur, un Parfumeur, un Barbier, celui qui a le ſoin de garnir les chandeliers, & treize Agas faiſant fonction de Valets de Chambre, un Maître de Ceremonie, un Maître d'Hôtel, un Ecuyer, un Chef de Cuiſine, un Medecin & ſon Valet, & Solyman Capitan Eſclave qu'il a racheté à Malthe, vingt Valets de pied, ſix Aides de Cuiſines, quatre Gardes-Tentes, un Jaca, un Porteur d'eau, deux Palfreniers, deux Pelliſſiers, un Tailleur, cinq Pourvoyeurs de ſa maiſon avec deux Valets.

Deux Brigadiers de la Cornette Blanche précedoient l'eſcorte, suivis d'environ trente Cavaliers du Grand Prevôt, vingt Maîtres de la Cornette Blanche, un détachement du même Regiment terminant la marche.

Ayant marché dans cet ordre jusqu'à deux heures après midi, il arriva en la rue de Charenton, Fauxbourg S. Antoine, où il descendit à la maison dite du Diable, qu'on lui avoit préparée pour y rester jusqu'à son Entrée publique, où il reçut les complimens de la part du Roi, portés par Monsieur le Prince de Lambesk & Monsieur le Maréchal d'Estrées.

Pendant l'intervalle de sa residence au Fauxbourg S. Antoine, il se fit un concours de tout le Peuple, & principale-

ment des Dames qu'il gracieuſa
beaucoup, & à qui il fit preſenter du Caffé ſelon la coûtume des Orientaux : de ſorte
que pas une ne ſortit de ſon
Hôtel ſans être également
charmée de ſa politeſſe, de la
majeſté de ſon viſage, que de
ſes manieres honnêtes.

Lon travailla dèſlors à rendre
ſon Entrée plus ſomptueuſe &
plus magnifique : l'on peut dire
même que l'on n'a rien épargné
pour étaler à ſes yeux tout ce
que la magnificence Françoiſe
a de plus charmant : tous les
préparatifs étant faits, on aſſi-
gna le Dimanche ſeize de Mars
pour en être le jour, dont voici
une Relation fidelle.

RELATION DE L'ENTRE'E
Publique.

LE Dimanche seize Mars, Monsieur le Maréchal d'Estrées & le Sieur Remond Introducteur des Ambassadeurs, se rendirent à une heure après midi dans le Carosse du Roi, au Fauxbourg S. Antoine ruë de Charenton, lesquels étant descendus dans la maison où Son Excellence avoit séjourné, après l'avoir salué ils monterent tous trois à Cheval, & entrérent à Paris dans l'ordre suivant.

Les Inspecteurs de Police à cheval, en habits galonnés d'or.

Le Carosse de Monsieur l'Introducteur des Ambassadeurs.

Deux Carosses du Maréchal d'Estrées, qui étoient précedés des Gens de sa livrée, sçavoir, deux Suisses, six Pages, dix Ecuyers tous à cheval, douze Palfreniers tenáns chacun un Cheval de main, avec de tres belles housses sur lesquelles on avoit mis ses Armes en broderie.

Le Regiment d'Orleans Dragons, les armes levées.

Douze Chevaux de main des Ecuries du Roy magnifiquement harnachés, conduits par les Palfreniers de Sa Majesté.

Trente-six Turcs marchans deux à deux, portans des Fusils & des Lances, & le Sieur de Merlin Secretaire à la suite des Ambassadeurs.

Huit Principaux Officiers de l'Ambassadeur à cheval, dont

l'un portoit un Turban verd dans un crêpe blanc à fleur d'or.

Quatre Trompettes de la Chambre du Roi.

Six Chevaux de main de l'Ambassadeur, harnachés à la Turque, & menés par des Turcs.

L'Interprete du Roi à cheval.

L'Ambassadeur sur son cheval harnaché à la Turque, le Maréchal d'Estrées à la droite, le Sieur Remond Introducteur des Ambassadeurs à la gauche, tous trois marchans de front, les Valets de pied de l'Ambassadeur étoient autour de son cheval.

La livrée du Prince de Lambesk, & celle du Sieur Remond marchoient deux à deux entres bel ordre.

Vingt Maîtres du Regiment
Colonel General, commandés
par un Lieutenant & un Maréchal des Logis, étoient répandus ſur la droite & la gauche de l'Ambaſſadeur.

Les Grenadiers à cheval
marchoient enſuite, le Colonel General après. Le Caroſſe du Roi environné des Gardes de la Connétablie qui marchoient ſur les aîles.

Les Caroſſes de Madame, de
Monſieur le Duc d'Orleans, de
Madame la Ducheſſe d'Or-
leans, de la Princeſſe de Condé,
de la Ducheſſe de Bourbon
Doüairiere, de Monſeigneur
le Duc, des deux Princeſſes
Doüairieres de Conti, du Prince de Conti, de la Princeſſe de
Conti, de la Ducheſſe du Maine, du Comte de Toulouſe,

& de l'Archevêque de Cambrai , Miniſtre & Secretaire d'Etat pour les Affaires Etrangeres.

La marche ſe fit par la ruë de Charenton, par la ruë Traverſiere, & par la grande ruë du Fauxbourg S. Antoine ; & pour rendre cette Entrée plus ſolemnelle , le Regiment du Roi Infanterie étoit rangé en haie juſqu'à la Porte S. Antoine.

La Compagnie de la Baſtille étoit ſous les armes ſur le rempart de la Baſtille, après la Porte S. Antoine ; la Compagnie des Fuſiliers du Roi.

La ruë S. Antoine & la ruë Royale étoient garnies de pluſieurs détachemens du Guet à pied.

Les Archers de Ville étoient dans la Place Royale

Dans les ruës de l'Echarpe &
Culture Sainte Catherine, il y
avoit differentes Escoüades de
Güet à pied.

Dans la Place Baudoyer, un
détachement de cinquante
hommes des mêmes Troupes.

Le Cimetiere S. Jean & les
ruës de la Verrerie, des Lom-
bards, S. Denys, de la Ferron-
nerie, S. Honoré & du Roulle,
étoient bordées par differentes
Escoüades.

Dans la ruë de la Monnoie,
la Compagnie du Prevôt de la
Monnoie.

Sur le Pont-Neuf, un détachement des Gardes Françoises.

L'on avoit rangé en ordre,
vis-à-vis la Statuë Equestre du
Roi Henri IV. trois Escadrons
du Güet à Cheval, qui avoient

à leur tête leurs Tymbales &
leurs Trompettes.

La Compagnie du Lieute-
nant de Robbe-Courte bordoit
la rue Dauphine.

Dans la rue de Condé, une
Escoüade du Guet à pied.

Rue de Vaugirard devant
Luxembourg, la Compagnie
du Prévôt de l'Isle.

A l'Hôtel des Ambassadeurs,
toutes les Troupes qui accom-
pagnoient la marche, se mirent
en haie en arrivant dans la rue
de Tournon, & Son Excellence
passa au milieu pour entrer dans
son Hôtel.

Le Maréchal d'Estrées lui
donna la main, & l'établit dans
cet Hôtel préparé pour son logement.

Lorsque le Maréchal d'Estrées
se retira, l'Ambassadeur lui fit

les honneurs, & l'accompagna
juſqu'à ſon Caroſſe.

Le Roi voulut bien l'honorer
de ſa préſence ce grand jour;
c'eſt pourquoi il ſe rendit *inco-*
gnito chez Madame la Maré-
chale de Boufflers, & Monſieur
le Duc d'Orleans chez Madame la Grande Ducheſſe.

Dans toutes les ruës où paſſa
l'Ambaſſadeur, les fenêtres
étoient pleines de Spectateurs,
elles étoient ornées des plus riches étoffes; ce qui faiſoit un
coup d'œil ſuperbe, rien n'eſt
comparable à l'affluence qui
s'eſt trouvée, ſur la route de
cette Marche, puiſque les ruës
étoient trop étroites pour con-
tenir la multitude du peuple
qui aſſiſtoit à ce ſpectacle,

AUDIENCE DU ROI.

LE Vendredi vingt-uniéme du même mois le Prince de Lambesk & le Sieur Remond Introducteur des Ambassadeurs, allerent dans le Carosse du Roi, prendre l'Ambassadeur à son Hôtel ruë de Tournon, lieu de sa residence. Toute la suite de l'Ambassadeur monta sur des Chevaux de la grande & petite Ecurie du Roi, comme le jour de l'Entrée, & la marche se fit dans l'ordre suivant :

La Compagnie des Inspecteurs de Police à Cheval, avec Tymbales & Trompettes, marchoient à la tête.

Le Carosse de l'Introducteur; celui du Prince de Lambesk, precedé de six Chevaux de main conduits par des Palfreniers, & de huit Gentils-hommes à Cheval.

Les trois Escadrons de Dragons d'Orleans, avec cette difference, qu'ils n'avoient pas la bayonnette au bout du fusil, & qu'ils portoient le chapeau.

La grande & petite Ecurie du Roi.

Les Turcs en même nombre que le jour de l'Entrée, mais sans fusils ni lances.

Ensuite le Sieur Merlin, Secretaire à la Suite des Ambassadeurs.

Huit des principaux Officiers de l'Ambassadeur.

Le Fils de l'Ambassadeur, en qualité de Secretaire de l'Ambassade, portant sur ses mains la Lettre du Grand

Seigneur enveloppée dans une étoffe de soie.

L'Ambassadeur, ayant à sa droite Monsieur le Prince de Lambesk, & Monsieur l'Introducteur à sa gauche.

Le même détachement du Colonel General Cavalerie, qu'au jour de l'Entrée.

Les Grenadiers à cheval, le sabre à la main.

Le Regiment du Colonel General de Cavalerie le fusil haut.

Le Carosse du Roi.

La Compagnie du Prevôt de la Connétablie.

L'Ambassadeur trouva sur son passage des détachémens du Guet à pied, du Guet à cheval, de la Compagnie du Lieutenant de Robbe-Courte, &c. comme au jour de l'Entrée,

tous

tous rangés en haie & sous les armes.

Des détachemens des Gardes du Corps du Roi, des Gens d'Armes, des Chevaux Legers de la Garde, & les deux Compagnies de Mousquetaires du Roi rangées en bataille à droite & à gauche, dans l'Esplanade qui est entre les Allées des Champs Elisées & le Jardin du Palais des Thuilleries.

L'Ambassadeur avec tous les Gens de sa suite, entra dans le Jardin des Thuilleries par le Pont tournant, il trouva à son passage les Gardes Françoises & Suisses sous les armes; lorsqu'il fut arrivé à la derniere marche de la Terrasse, les Turcs mirent pied à terre, & quatre d'entr'eux donnerent la main à l'Ambassadeur, pour l'aider

V

à defcendre de cheval ; enfuite
étant entré dans le Veftibule ,
il paffa au travers des Gardes
de la Porte , des Gardes du
Corps , des Cent Suiffes rangés
en haie jufqu'à la porte de
l'Appartement de Monfieur le
Duc , où l'Ambaffadeur entra
pour fe repofer, & pour changer
de Turban pour aller à l'Audience , où il fut en cet ordre.

Huit Principaux Officiers
de l'Ambaffadeur, Monfieur le
Prince de Lambesk , le Grand
Maître des Ceremonies , &
l'Introducteur à fes côtés.

Monfieur le Duc de Noailles
Capitaine des Gardes du Corps,
vint le prendre au haut de l'Ef-
calier, & lui fit traverfer la Salle
des Cent Suiffes rangés en haie,
la hallebarde en main, & celle
des Gardes du Corps la cara-

bine ſur l'épaule, ayant traverſe
le grand Appartement du Roi,
il arriva à la Gallerie préparée
pour l'Audience ; les préparatifs qu'on y avoit faits meritent
bien que nous laiſſions pour un
inſtant la ſolemnité de cette Audience, pour faire une exacte
deſcription de ce qu'on a employé pour la décorer.

Cette Gallerie étoit tapiſſée
de la belle tenture des Gobelins , repréſentant les belles
actions de la Vie du feu Roi
LOUIS XIV. au fond de
cette Gallerie étoit le Trône du
Roi ſur une Eſtrade de huit
marches ſeparé du reſte de la
Gallerie par une baluſtrade , le
haut du Dais étoit en gros re-
lief de broderie d'or en boſſe,
orné de cartouches de ſoie à
perſonnages naturels au petit

point d'un ouvrage magnifique.

Le Trône étoit d'un bois doré
sculpté à jour, surhaussé de
deux Genies tenans une couronne; le dossier étoit d'un côté
à fond d'or, sur lequel brilloit
un grand Soleil enrichi d'une
quantité prodigieuse de pierreries & de perles d'un prix infini.

Le Socle du Trône étoit sur un
beau tapis de Perse, qui def-
cendoit jusqu'au bas de l'Estrade, & tout le long de la Gallerie il y avoit des tapis de pied
magnifiques de la Manufactu-
re des Gobelins; aux deux côtés du Trône on voyoit de grandes pieces de brocard d'or sur
un fond de tapisserie de velours
cramoisi; ces pieces de brocard
dans leurs desseins, formoient

des colonnes torſes ; l'on peut
juger là-deſſus de la magnificence de ce lieu.

Le Roi averti que l'Ambaſſadeur approchoit, vint, ſuivi des
Princes ſe placer ſur le Trône, il
avoit un habit de velours couleur de feu enrichi d'agrémens
en boutonniere des plus beaux
diamans de la Couronne, autour deſquels regnoit une broderie d'or pour rehauſſer les
diamans ; cet habit chargé de
plus de vingt-cinq millions de
pierreries, puiſqu'il peſoit environ trente-cinq livres, brilloit encore moins que la majeſté & les graces du Souve-
rain qui les portoit ; le Roi
avoit à ſon chapeau une agraffe
de gros diamans, parmi leſquels
l'on diſtinguoit facilement celui qu'on nomme LE CANCY,

sur l'épaule, dont le nœud étoit de perles & de dimans, avec le gros diamant acheté depuis peu d'un nommé Pith Anglois deux millions cinq cens mille livres.

Le Juste-au-corps de Monseigneur le Regent, étoit de velours bleu brodé en or, celui de M. le Duc de Chartres, étoit enrichi de perles & de diamans ainsi que ceux de M. le Duc, M. le Comte de Charolois, Monsieur le Prince de Conti. Monsieur l'Abbé de Clermont en soutanne & manteau long, Monsieur le Comte de Toulouse, les Grands Officiers de la Couronne, & ceux qui ont droit d'être sous le haut Dais, y parurent tous vétus magnifiquement. Monsieur l'Archevêque de Cambrai &

Monsieur de Frejus en soutan-
nes & manteaux violets, étoient
sur l'Estrade.

Quand l'Ambassadeur entra,
on ouvrit seulement un battan,
les deux ne s'ouvrant que pour
le Roi ; les Turcs commence-
rent à s'approcher deux à deux
du Trône & se rangerent au-
dehors de la balustrade, les
huit principaux Officiers en-
trerent dedans, & resterent au
pied de la derniere marche.

L'Ambassadeur commença
avec eux sa premiere reverence, mettant la main droite sur sa
poitrine, & faisant une profonde inclination ; ensuite étant
monté seul sur l'Estrade, il fit
sa seconde reverence pareille à
la premiere, & s'étant appro-
ché du Roi jusqu'à la derniere
marche près du Trône, il fit sa

troisiéme en portant la main
sur son Turban, & détournant
la tête de côté pour marque
de respect ; il commença son
Discours en Langue Turque, qui
sur le champ fut interpreté par
Monsieur l'Interprete du Roi,
vêtu en Armenien, dont voici
la traduction.

„   Voici la Lettre du tres Ma-
„ gnifique & tres Puissant Em-
„ pereur des Ottomans, SULTAN
„ ACKMET, fils du SULTAN
„ MECKMET, acompagn'e de
„ celle du Grand Vizir son Gen-
„ dre IBRAHIM PACHA.
„   Le Grand Seigneur m'envoye
„ en Ambassade auprès du Tres
„ Puissant & Tres Magnanime
„ Empereur de France, pour té-
„ moigner l'estime qu'il a pour
„ Votre Sublime Majesté , &
„ pour donner des marques publiques

bliques de la sincere & cons- "
tante amitié qui regne depuis "
si longtemps entre les deux "
Empires.   "

Quelle gloire n'est-ce pas "
pour moi, d'avoir été revétu "
d'une dignité qui me procure "
l'honneur de voir la face d'un "
si grand Empereur, & d'un "
Soleil si brillant & si majes- "
tueux dès son lever? Je souhai- "
te qu'il daigne répandre sur "
moi ses rayons les plus doux, & "
que ma personne lui puisse être "
agréable.   "

Le Roi qui avoit decidé avec
M. le Regent, que les mêmes
ceremonies qui s'observent à
l'Audience des Ambassadeurs
de France à la Porte, se prati-
queroient à celle-ci, resta assis
& couvert sur son Trône, &
les Princes du Sang décou-

X

verts , Monsieur le Maréchal
de Villeroi, qui en qualité de
Doyen des Maréchaux de France, represente le Connétable,
dont la dignité est la même que
celle de Grand Vizir à la Porte,
lequel aux Audiences parle au
nom du Sultan , prit la parole
& dit.

» L'Empereur mon Maître est
» satisfait de la marque d'amitié
» que lui donne l'Empereur des
» Ottomans, & du choix qu'il a
» fait de l'Ambassadeur qui vient
» l'en assurer.

Après quoi l'Ambassadeur
ayant pris la Lettre du Sultan
des mains de son Fils, la baisa
& la remit entre les mains de
Monsieur l'Abbé Dubois Mi-
nistre & Secretaire d'Etat pour
les Affaire Etrangeres , ainsi
que celle du Grand Vizir, pour

les rendre au Roi.

L'Ambaſſadeur ayant fait en ſe retirant les mêmes ſaluts qu'à ſon arrivée, s'en retourna avec les mêmes Officiers, dans le même ordre qu'il étoit venu, ſortit par la même grille du Jardin, étant monté à cheval il reprit avec ſa ſuite le chemin du Pont tournant, où il trouva pareillement les Troupes d'Infanterie & de Cavalerie du Roi, & s'en revint par le Pont Royal à l'Hôtel des Ambaſſadeurs Extraordinaires avec le même Cortege qu'auparavant.

Le même jour il y eut Symphonie chez Son Excellence.

Le vingt-trois, l'Ambaſſadeur eut la premiere Audience publique de Son Alteſſe Royale Monſeigneur le Duc d'Orleans Regent du Royaume; Son Ex-

cellence partit à onze heures ,
précedé de tout le Guet à cheval, des Pages à cheval & des
Palfreniers de Son Alteſſe
Royale au nombre de quarante, menant chacun un Cheval
de main couvert d'un caparaſ-
ſon brodé , enſuite venoit l'Ambaſſadeur précedé de ſes Officiers , il étoit monté ſur un
cheval harnaché à la Tur-
que , & ſuivi des Caroſſes de
Son Alteſſe & du Regiment
des Dragons d'Orleans; étant
arrivé au Palais Royal , il deſ-
cendit de cheval au bas du
grand Eſcalier, les Cent Suiſſes
de Son Alteſſe étant ſous les
armes le long de l'Eſcalier, il
fut reçû par Monſieur le Marquis d'Etampes, il traverſa les
Appartemens & arriva dans
la belle Gallerie, où il trouva

Monſeigneur, le Regent aſſis
ſur un fauteüil, ayant un habit
bleu brodé d'or & une groſſe
agraffe de diamans ſur ſon chapeau, le S. Eſprit & la Toiſon
d'Or étoient pareillement de
diamans.

Son Excellence ſalüa M. le
Regent à la maniere des Turcs,
& Son Alteſſe Royale ôra ſon
chapeau pendant la harangue
que lui fit l'Ambaſſadeur, dont
nous donnons la traduction.

Voici la Lettre qu'IBRAHIM "
PACHA Grand Vizir Gendre "
du Grand Seigneur, à l'hon- "
neur d'écrire à Votre Alteſſe "
Royale Regent du Royaume "
de France. "

Le tres Puiſſant Empereur "
des Ottomans mon Maître, "
a choiſi le temps de la Regen- "
ce de Votre Alteſſe Royale, "

„ pour donner des marques pu-
„ bliques à tout l'Univers, du
„ cas qu'il fait de la sincere &
„ constante amitié qui regne de-
„ puis un temps immemorial en-
„ tre les deux Empires; elle ne
„ peut que s'affermir sous la Re-
„ gence d'un Prince aussi grand,
„ aussi magnanime & aussi éclairé
„ que l'est Votre Altesse Royale:
„ Quelle gloire ne sera-ce point
„ pour mon Ambassade, si je puis
„ meriter sa bienveillance?

Son Altesse Royale répondit
à ce Discours, qu'il étoit char-
mé du choix que le Grand Seigneur avoit fait de sa Personne;
l'Ambassadeur répondit, qu'il
tâcheroit pendant son sejour à
la Cour de France, de conserver la bonne opinion que Son
Altesse Royale avoit conçuë de
lui, après quoi il rendit à Son

Alteſſe Royale, la Lettre du
Grand Vizir, & ſur le champ,
M. le Regent la remit entre les
mains de Monſieur l'Abbé de
Theſu ſon Secretaire des Commandemens, (cette Lettre étoit
enveloppée dans un ſac de ſa-
tin cramoiſi,) enſuite l'Ambaſſadeur fit les mêmes ſaluts,
& fut reconduit avec les mêmes ceremonies par Monſieur
de Marpré Introducteur des
Ambaſſadeurs de Son Alteſſe
Royale, qui le reconduiſit
dans le Caroſſe de Monſieur le
Duc d'Orleans.

Le vingt-ſix du même mois,
Monſieur l'Archevêque de
Cambrai Miniſtre & Secre-
taire d'Etat, envoya ſix Caroſſes de ſa livrée avec ſon E-
cuyer, pour prendre l'Ambaſſadeur de la Porte à l'Hôtel des

Ambaſſadeurs Extraordinaires.

Son Excellence monta dans le fond du premier Caroſſe, l'Interprete du Roi & l'Ecuyer du Miniſtre étant ſur le devant. La ſuite de l'Ambaſſadeur ſe plaça dans les autres Caroſſes, & arriva dans cet ordre ſur les onze heures chez Monſieur l'Archevêque de Cambrai; les Appartemens étoient remplis de gens de diſtinction, & d'une file de quarante Domeſtiques de la livrée de ce Miniſtre; cette Excellence fut introduite par l'Ecuyer de Monſieur l'Archevêque dans la Chambre d'Audience, qui le fit aſſeoir dans un fauteüil, & ſe mit dans un autre, une table entr'eux deux, la converſation dura quelque temps, après quoi

on preſenta à Son Excellence
de toutes ſortes de rafraîchiſſemens & de confitures ſéches,
enſuite l'Ambaſſadeur retourna à ſon Hôtel avec le même
cortege qu'il étoit venu.

Le vingt-ſept , l'Ambaſſadeur de la Porte vit la repre-
ſentation de l'Opera de The-
ſée , les premieres loges furent
louées cent livres; & les places
du parterre cinq livres , qui
malgré cela ſe trouverent toutes remplies.

Quelques jours après , Monſieur l'Abbé Bignon ſe rendit
chez l'Ambaſſadeur Turc pour
lui faire viſite ; la converſation
roulla ſur les Sciences & les
Arts qui ſont les plus à remarquer en France ; à la fin de la
viſite l'Ambaſſadeur remit à
Monſieur l'Abbé Bignon une

Liturgie Grecque & deux autres Armeniennes , dont Monfieur le Marquis de Bonnac l'a-
voit chargé pour la Bibliotheque du Roi, avec un Manuſcrit
qui eſt une traduction Grecque
de Boëce faite par Planude.

Le dixneuf d'Avril cette Excellence viſita Monſieur le Maréchal de Villeroi à qui il remit
une Lettre du Grand Viſir ,
Monſieur le Maréchal le reçut
avec toutes les marques de
diſtinctions imaginables ; ce
Seigneur lui fit ſervir une collation magnifique, pendant laquelle le Roi entra ſans ſe faire
annoncer pour ne point contraindre l'Ambaſſadeur, qui alla enſuite au Fauxbourg S. Mar-
tin viſiter le Jardin d'un curieux Fleuriſte, dont il fut char-
mé par la varieté d'un nombre

infini de belles fleurs, après
quoi il revint à son Hôtel,
où Monsieur de la Lande Sur-
Intendant de la Musique du
Roi lui donna un concert de
morceaux choisis dans les Sym-
phonies de Lully; le sieur Ala-
rius Musicien de chez le Roi,
& Violle de la Chambre, joüa
ensuite des pieces tendres de
sa composition qui charmerent
l'Ambassadeur.

Pour procurer en même
temps à Son Excellence toutes
les commodités necessaires, Sa
Majesté lui envoya à l'Hôtel
deux attelages de six chevaux
chacun & deux Carosses, l'un
aux Armes de France en plein, &
l'autre à chiffre, & un Officier
Commandant avec six Cava-
liers de la Maréchaussée, qui
venoient deux fois par jour

demander l'ordre à l'Ambassadeur pour l'escorter où il avoit dessein d'aller.

Le vingt-huit il fut se promener à S. Cloud, accompagné de Monsieur le Marquis de Biron, Premier Ecuyer de Monsieur le Duc Regent, après en avoir admiré les Jardins, les Eaux & les Appartemens, on lui servit une tres belle collation.

Le vingt-neuf, il fut au Jardin du Roi, qu'on appelle des simples, dont on lui expliqua les vertus & proprietés ; Monsieur l'Archevêque de Cambrai le regala ensuite de confitures & de liqueurs fraîches.

Le huit de Juin jour de la Trinité, il alla se promener au Château de Meudon, & après qu'il eut visité tous les Appartemens, on servit une collation magnifique chez Monsieur le Gouverneur. Son Excellence prit ensuite la route de Versailles, pour y rester quelques jours.

Le neuf, il vit joüer les Eaux, spectacle tout nouveau pour des Orientaux, dont la surprise ne fut pas moindre que l'admiration.

Le dix, il alla voir la Machine de Marli, ensuite après la collation il en vit joüer les Eaux, & s'en retourna à Versailles, d'où il fut à Trianon avant que de revenir à Paris. Son Excellence fut tres satisfaite de tout ce qu'il vit dans les Palais & dans les Jardins, il en a partagé les plaisirs avec un grand nombre de Dames qualifiées, qu'il a gracieusées à son ordinaire. Son sejour à Versailles a coûté cher aux curieux, on n'y dormit point à bon marché, les lits ont été loüés jusqu'à dix écus par nuit.

Le quatorze, l'Ambaſſadeur fut à Berci voir le celebre Cabinet de Monſieur Pajot d'Oſambrai Directeur General des Poſtes, qui renferme un amas prodigieux de curioſités. Son Excellence vit avec plaiſir les experiences ordinaires de l'Aiman, dont l'aſſemblage qu'il y a de toutes ſortes de grandeurs eſt le plus parfait de l'Europe ; on fit enſuite des experiences de chymie par le mélange des liqueurs dont il reſulte des fermentations & des changemens de couleurs, il parut auſſi des phoſphores de plus d'une eſpece dont il fut agréablement ſurpris, ſans parler des machines, des deſſeins de plantes, des morceaux d'anatomie en cire colorée, après quoi il descendit dans le Jardin qui est tres beau, & vit la Menagerie où on conserve plusieurs sortés d'animaux des Indes ; on conduisit cette Excellence dans un sallon riant & d'un goût exquis, où on servit la collation, suivie d'une galanterie Orientale ; on brûla d'excellens parfums qui embaumerent la compagnie, & terminerent agréablement la Fête.

Le seize, Messieurs d'Osambrai & Messieurs Geoffroy freres, furent invités à dîner chez Son Excellence.

La nuit du dix sept au dixhuit, Monsieur le Prince de Conti donna à Clichi une Fête magnifique au Fils de cet Ambassadeur.

Le dixhuit, jour de la Fête de Dieu, il vit passer la Procession de Saint Sulpice avec une attention toute respectueuse.

Le vingt-deux il y eut Bal à l'Opera en faveur de l'Ambassadeur, il y eut un concert auparavant. Son Excellence y resta quatre heures & s'en retourna fort satisfaite.

Le Lundi vingt-trois, il se rendit à l'Hôtel de Ville pour voir tirer le Feu d'Artifice, que l'on a coûtume de tirer dans la Place de Gréve, il y fut regalé de toutes sortes de rafraîchissemens.

Le vingt-six, leur Ramadan commença, ce mot est Arabe, & signifie une chaleur qui consume, ce qui semble prouver que ce mois est dans les plus grandes chaleurs: on peut l'appeller

peller à juste titre le Carême
des Mahometans ; car c'est
dans ce mois que Mahomet a
commandé l'observance d'un
jeûne tres austere, qui consiste
à s'abstenir de boire & de
manger depuis le lever du Soleil jusqu'à ce que les Étoiles paroissent ; les Ouvriers & les Soldats sont assujettis à cette Loi ;
c'est en ce temps-là qu'ils pré-
tendent que l'Alcoran est des-
cendu du Ciel ; la regularité
est si grande , que si l'on sçait
quelqu'un qui l'ait transgressé,
on lui fait avaler du plomb
fondu , comme il arriva en
1714 , à un homme que l'on
trouva ivre dans le temps
d'abstinence.

Cette Excellence étant sur
le point de prendre son Au-

dience de congé, a employé
le temps qui lui restoit à visiter
ce qu'il y a de plus curieux ;
on l'a vû à l'Abbaye de S. Denys, à l'Observatoire, aux E-
coles de Medecine, de Chi-
rurgie, en Sorbonne même,
où il a été reçû par les Doc-
teurs & les Bacheliers en four-
rures & en robbes de ceremonies : en un mot, le Bal, l'O-
pera, la Comedie, le Jeu de
Paume, & tout ce qui a pû lui
procurer du divertissement,
n'ont point été épargnés pendant son sejour, Sa Majesté y
ayant contribué de son côté,
en se faisant voir à cette Excellence dans plusieurs occasions
contre le Ceremonial gardé
avec les Ambassadeurs Orientaux, le Roi ne devant se faire
voir que dans les Audiences publiques.

Je crois avoir ſatisfait à ce
que j'avois promis touchant la
Relation de ce Voyage, il ne
me reſte plus qu'à faire voir que
la magnificence de la Cour de
France a fini comme elle a commencé, puiſque l'on peut dire
que l'Audience de Congé que
cette Excellence a reçûë, a été
auſſi ſuperbe que la premiere,
ne s'étant démentie en aucune
forte; car cette Excellence fut
conduite le douze de Juillet au
Palais des Thuilleries avec la
pompe & la magnificence d'auparavant.

Je ne m'arrêterai point à
faire une repetition de ce que
j'ai déja écrit. Je dirai ſeulement que Son Excellence étoit
dans le Caroſſe de Sa Majeſté,
ayant à ſa gauche le Prince de
Lambesk, ſur le fond de de-

vant, vis-à-vis l'Ambaſſadeur, le Chevalier de Sainctot avec le Fils de l'Ambaſſadeur à ſa droite, & l'Interprete du Roi à la portiere du côté de l'Ambaſſadeur, les Gens de l'Introducteur marchoient à la portiere droite, & ceux du Prince de Lambesk à la gauche.

La marche ſe fit dans les ruës du Petit Lion, des Foſſés S. Germain & Dauphine, les Quais de Conti, Malaquais, des Theatins, le Pont Royal, le long des Galleries du Louvre, le premier Guichet, la ruë S. Nicaiſe & la Place du Carouſel.

L'Audience ſe fit comme nous l'avous rapporté à la premiere, après laquelle Sa Majeſté remit à Monſieur l'Ar-

chevêque de Cambrai la Lettre de Recréance pour le Grand
Seigneur , enveloppée d'une
étoffe d'or , Monſieur l'Archevêque de Cambrai la remit à cette Excellence , qui
la reçut avec toutes les marques & les démonſtrations poſſibles de reſpect ; il s'en alla enſuite par la même route qu'il
étoit venu.

Les preſens que le Roi a fait
à cet Ambaſſadeur , conſiſtent
dans le Portrait de Sa Majeſté,
enrichi de diamans & eſtimé
cinquante mille éus, outre ſix
Pendules magnifiques, ſix Montres & ſix Tabatieres d'or , de
tres-belles Glaces des plus hautes & des plus larges.

Le 15 à trois heures après
midi , il eut Audience publique
de congé de Monſeigneur le

Regent, avec les mêmes ceremonies que lors de la premiere
Audience qu'il a euë de Son
Alteſſe Royale, après laquelle
on lui preſenta toutes ſortes de
rafraîchiſſemens, dont il ne prit
rien, depeur de rompre le
jeûne ordonné par le Rama-
dam.

Je finirai cette Relation par
le départ de Son Excellence,
qui quitta cette Ville le Dimanche trois Août 1721, à dix
heures du matin, pour aller à
Fontainebleau.

Il a pris enſuite la route
de Lyon où il s'eſt rendu le
vingtiéme du même mois, il y a
été reçû au bruit du Canon, &
tous les Quartiers de la Ville
étoient ſous les armes rangés
dans les ruës par où il a paſſé
juſqu'à ſon logis. Les ſoirs pen-

dant ſon ſejour toutes les fenêtres de la Ville furent illuminées; l'on a regalé cette Excellence de tous les plaiſirs poſſibles, comme Bals, Comedies, Joutes, Concerts & Divertiſſemens dont elle a paru fort ſatisfaire.

Il a viſité les Fabriques d'Etoffes de Soye, ce qui eſt une des plus belles choſes qu'on puiſſe voir dans cette Ville; les Turcs de la ſuite de l'Ambaſſadeur ont fait des emplettes conſiderables d'Armes à feu & d'Etoffes de ſoye & d'autres d'or & d'argent.

Il quitta cette ſuperbe Ville pour aller s'embarquer au Port de Cette, pour retourner rendre compte à ſon Maître de la réuſſite de ſon Ambaſſade.

Quelques Mahometans de

la suite de cet Ambassadeur,
ont été si édifiés des exemples
de pieté qu'ils ont eus en cette
Ville, qu'ils ont abjuré leur
Religion pour embrasser la nôtre, à quoi n'ont pas peu servi
les soins que ce sont donnés
differentes personnes de bien ;
Monsieur l'Illustrissime Car-
dinal Dubois, Archevêque de
Cambrai, & Secretaire d'E-
tat pour les Affaires Errange-
res, a pris à son service en qualité de Patissier, le sieur Meckmet l'un des Turcs convertis,
qui est de la famille des Petra-
ques de Venise.

F I N.

PRIVILEGE DU ROI.

LOUIS, PAR LA GRACE
DE DIEU, Roy de France
et de Navarre : A nos amez &
feaux Conseillers, les Gens tenans nos
Cours de Parlement, Maistres des Re-
questes ordinaires de notre Hostel, Grand
Conseil, Prevost de Paris, Baillifs, Se-
néchaux, leurs Lieutenans Civils, & autres nos Justiciers qu'il appartiendra,
SALUT. Notre bien amé NICOLAS
SIMART, Libraire à Paris, Nous
ayant fait supplier de lui accorder nos
Lettres de Permissions, pour l'Impres-
sion d'un petit Manuscrit qui a pour Titre *Description de la Ville de Constantinople*, &c dont il souhaiteroit faire imprimer & donner au Public, vendre & debiter; Nous avons permis & permettons par
ces Presentes audit SIMART, de faire
imprimer ledit Livre en telle forme, mar-
ge, caractere, conjointement ou sepa-
ment & autant de fois que bon lui sem-
blera, & de le vendre, faire vendre, &
debiter par tout notre Royaume, pendant
le temps de *trois années* consecutives, à
compter du jour de la datte desdites Pré-
sentes Faisons défenses à tous Libraires
& Imprimeurs & autres personnes, de

Z

quelque qualité & condition qu'elles
soient d'en introduire d'impreßion étran-
gere dans aucun lieu de notre obéïßance ;
à la charge que ces Presentes seront en-
regiſtrées tout au long sur le Regiſtre de
la Communauté des Libraires & Imprimeurs de Paris, & ce dans trois mois de
la datte d'icelles ; que l'impreßion de ce
Livre sera faite dans notre Royaume, &
non ailleurs, en bon papier & en beaux
caracteres, conformément aux Reglemens de la Librairie ; & qu'avant de l'ex-
poser en vente, le Manuscrit ou impri-
mé qui aura servi de copie à l'impreßion
dudit Livre, sera remis dans le même état
où l'approbation y aura été donnée, és
mains de notre tres cher & feal Chevalier, Chancelier de France le Sieur Dagueßeau, & qu'il en sera ensuite remis
deux Exemplaires dans notre Bibliotheque publique, un dans celle de notre Château du Louvre, & un dans celle de notre
tres cher & feal Chevalier, Chancelier
de France, le Sieur Dagueßeau ; le tout
à peine de nullité des Presentes. Du con-
tenu desquelles vous mandons & enjoi-
gnons de faire jouir l'Exposant, ou ses
ayans cause, pleinement & paisiblement,
sans souffrir qu'il leur soit fait aucun
trouble ou empéchement. Voulons qu'à
la copie desdites Presentes, qui sera im-
primée tout au long au commencement

ou à la fin dudit Livre , foi foit ajoutée
comme à l'Original. Commandons au
premier notre Huiffier ou Sergent de faire
pour l'execution d'icelles , tous Actes requis & neceffaires , fans demander autre
permiffion , & nonobftant clameur de Ha-
ro , Chartre Normande , & Lettres à ce
contraires : CAR tel eft notre plaifir.
DONNE' à Paris le vingt-quatriéme
jour dumois Juillet , l'an de grace mil
fept cens vingt-un , & de notre Regne le
fixiéme. Par le Roi en fon Confeil. *Signé,*
CARPOT , & fcellé du grand Sceau
de cire jaune.

*Regiftré fur le Regiftre quatriéme de
la Communauté des Libraires & Imprimeurs de Paris , page 757 , N° 820 , conformément aux Reglemens , & notamment à l'Arreft du Confeil du 13 Août
1703. A Paris le vingt-huit Juillet 1721.
Signé,* DELAULNE, Syndic.

Je fouffigné confeffe avoir cedé à M.
Ofmont le fils , la moitié dans le prefent
Privilege. A Paris ce 22 Aouft. 1 7 2 1,
N. SIMART.
*Regiftré fur le Regiftre quatriéme de la
Communauté des Libraires & Imprimeurs
de Paris , page 765, conformément aux Re-
glemens , & notamment à l'Arrêt du Con-
feil du 13 Août 1703. A Paris le 22 Août
1721. Signé,* DELAULNE, Syndic.

www.ingramcontent.com/pod-product-compliance
Lightning Source LLC
Chambersburg PA
CBHW061450060726
47597CB00002B/538

9782013064576